미리 보고 개념 잡는 초등

띄어쓰기와 받아쓰기

이재승, 이정호 지음

Mirae Ⓝ 아이세움

차례

받아쓰기는 어떻게 공부할까요?

초등학교에 입학한 아이들이 가장 힘들어하고 어려워하는 것 중 하나가 바로 받아쓰기입니다. 글자 쓰기에 익숙하지 않은 아이들에게 소리를 정확하게 받아쓰는 일은 무척이나 어려운 일입니다. 더군다나 우리말은 글자와 소리가 다른 부분이 있어서 더더욱 쉽지 않습니다. 또한 받아쓰기를 볼 때마다 매겨지는 점수도 큰 부담이 되지요. 어떻게 해야 좀 더 쉽게 공부할 수 있을까요?

받아쓰기는 학생들이 선생님이 불러 주는 소리를 듣고 어법에 맞게 받아쓰는 활동입니다. 이 활동은 언어 학습의 여러 가지 요소(듣기, 생각하기, 쓰기)를 동시에 달성할 수 있는 바탕이 됩니다. 즉, 소리 구분 능력, 문법적인 지식 그리고 글자를 쓰는 능력을 함께 기를 수 있다는 뜻입니다.

첫 번째, 문장을 바르게 읽고 또박또박 쓸 수 있게 지도해야 합니다. 아이들이 틀리기 쉬운 낱말을 소리 내어 읽으면서 써 보게 합니다. 이 과정을 반복하게 되면 소리와 표기가 다르다는 것을 직관적으로 깨닫게 됩니다.

두 번째, 아이들이 잘 틀리고 어려워하는 낱말을 자주 접하게 해 줍니다. 책 읽기와 같은 자연스러운 상황에서 책을 소리 내어 읽어 보게 하고, 그 안에서 낯선 글자를 찾아내 써 보는 과정을 통해 새로운 낱말을 친숙하게 느낄 수 있습니다.

세 번째, 아이들이 성취감을 느낄 수 있도록 칭찬해 주어야 합니다. 숙제 검사하듯 아이를 재

촉하지 말고 한 단어 한 단어, 쓰기를 마칠 때마다 칭찬을 아끼지 마세요. 해낼 수 있다는 믿음과 용기를 주는 말로 기운을 북돋아 주면 아이들도 받아쓰기를 자연스럽게 받아들이게 될 것입니다. 문장을 잘못 썼을 때는 아이가 스스로 지우고 쓸 수 있도록 해 주세요.

문법과 글쓰기

문법이란 문장에 자신이 전하고 싶은 뜻을 담는 데 필요한 사전 지식입니다. 글쓰기와 별 상관없이 따로 공부해야 하는 지식이라고 생각할 수도 있지만, 문법 지식이 있어야 뜻을 효과적으로 전달하고 읽는 사람이 이해하기 쉬운 문장을 쓸 수 있습니다. 흉내 내는 말이나 꾸며 주는 말, 높임 표현이나 시간 표현도 문법 지식입니다. 문법을 알아야 문장의 내용을 구체적으로 나타낼 수도 있고, 대상에 알맞게 문장을 사용할 수 있습니다. 문법에 담겨 있는 규칙과 원리를 깨닫게 되면 글쓰기 능력뿐만 아니라 글을 읽고 이해하는 능력도 함께 향상됩니다. 국어를 잘하는 아이들이 다른 과목에서도 두각을 나타내는 이유입니다.

글씨를 바르게 쓰는 것이 왜 중요할까요?

요즘 대부분 사람은 디지털 기기에 익숙합니다. 아이들 역시 디지털 기기를 자주 접하다 보니 '쓰기' 역시 손으로 쓰는 글씨보다 자판을 이용한 글씨를 많이 이용하게 됩니다. 자판을 이용한 글씨는 빠르고, 누가 쓴 것이든 보기 좋습니다. 하지만 초등학교에서는 손 글씨로 많은 활동을 합니다. 아직 교실마다 디지털 기기가 일반화되어 있지 못한 이유도 있지만, 손 글씨만이 가진 좋은 점이 있기 때문입니다.

☑ 집중력을 길러 주는 손 글씨 쓰기

예로부터 동양에서는 글씨를 쓰는 것과 공부하는 것은 서로 밀접한 것으로 여겼습니다. 초등학교와 견줄 수 있는 서당의 경우를 살펴보면 습자(習字)가 주요 교육 내용의 하나였습니다. 습자는 단순히 글씨를 익히는 것에 그치지 않고, 바른 모양을 갖추는 것도 강조하였습니다. 바른 모양을 갖추어 쓰기 위해 정신을 집중하면서, 쓰는 내용에 대해 깊이 있게 생각할 수 있게 하기 위함입니다. 이처럼 바른 글씨로 쓰는 것은 자신이 쓰고 있는 내용에 더 집중하게 만들어 줍니다.

☑ 자신의 마음가짐을 드러내는 손 글씨 쓰기

세상에 똑같은 손 글씨는 없습니다. 아무리 다른 사람의 손 글씨를 모방하려고 해도 누가 쓰느냐에 따라 글자의 모양이 다 다릅니다. 또 같은 사람이 썼다 하더라도 글씨를 쓸 때의 마음가짐이 어떠했느냐에 따라 모양이 달라집니다. 손 글씨의 이런 특성 때문에 글을 읽는 사람은 손 글씨로 쓴 글자의 모양을 보고 쓴 사람의 마음가짐을 평가할 수도 있습니다. 바르게 쓴 손 글씨는 아이들에게 반듯한 마음가짐을 길러 주고, 자신의 쓰기 실력을 돋보이게 해 줍니다.

손 글씨 쓰기는 습관입니다. 따라서 처음 습관을 만들 때가 중요합니다. 손 글씨 쓰기를 처음 시작하는 초등학교 저학년 시기에 바른 손 글씨 쓰기 습관을 길러 주는 것이 중요합니다.

차례차례 따라 하면 받아쓰기 백 점!

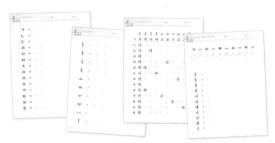

1. 글씨 쓰기의 기본을 익혀요!

• 자음과 모음이 만나는 한글을 튼튼히 익히면 글씨 쓰기가 훨씬 수월해요.

쓰기의 기본: 자음과 모음, 된소리 자음, 이중 모음을 정확히 알고, 글씨 쓰기의 기초를 다져요.

2. 본격 국어 쓰기를 공부해요!

• 기본 다지기 → 문장 쓰기 → 띄어쓰기 → 받아쓰기 과정으로 학습하며 쓰기에 필요한 국어 지식을 익혀요.

기본 다지기: 단원의 학습 목표와 내용을 알아봅니다.

문장 쓰기: 학습 내용에 맞는 낱말이나 문장을 써 봅니다.

띄어쓰기: 올바른 띄어쓰기 방법을 익혀 봅니다.

받아쓰기: 맞춤법에 유의하여 낱말을 써 보고, 실전 받아쓰기를 통해 배운 내용을 점검합니다.

3. 배운 내용을 복습해요!

• 기본 평가 → 최종 평가 과정으로 문제를 풀며 배운 내용을 복습해요.
• 받아쓰기 급수표를 활용하여 단원 학습을 마무리해요.

기본 평가: 앞서 배운 내용을 잘 기억하고 있는지 정리합니다.

최종 평가: 새로운 문장으로 배운 내용을 평가합니다.

받아쓰기 급수표: 급수표를 활용해 연습을 해 봅니다.

글씨 쓰기의 기본

한글 바로 쓰기를 통해 글씨 쓰기의 기본을 다집니다.
자음, 모음, 자음과 모음의 조합, 된소리 자음과 이중 모음을 쓰고 익힙니다.

 자기 주도 학습 계획표

학습일	쪽	학습 내용	공부한 날	확인
1일차	9	자음 읽으며 따라 쓰기	/	
2일차	10	모음 읽으며 따라 쓰기	/	
3일차	11	자음과 모음의 조합 글자 읽으며 따라 쓰기	/	
4일차	12	된소리 자음과 이중 모음 읽고 따라 쓰기	/	
5일차	111	받아쓰기 급수표 자음지와 모음지 학습	/	

글씨 쓰기의 기본 | 우리말 중 혼자서 소리 낼 수 없는 것을 '자음'이라고 합니다. 이름을 읽으며 따라 써 봅시다.

ㄱ	기역	ㄱ	ㄱ				
ㄴ	니은	ㄴ	ㄴ				
ㄷ	디귿	ㄷ	ㄷ				
ㄹ	리을	ㄹ	ㄹ				
ㅁ	미음	ㅁ	ㅁ				
ㅂ	비읍	ㅂ	ㅂ				
ㅅ	시옷	ㅅ	ㅅ				
ㅇ	이응	ㅇ	ㅇ				
ㅈ	지읒	ㅈ	ㅈ				
ㅊ	치읓	ㅊ	ㅊ				
ㅋ	키읔	ㅋ	ㅋ				
ㅌ	티읕	ㅌ	ㅌ				
ㅍ	피읖	ㅍ	ㅍ				
ㅎ	히읗	ㅎ	ㅎ				

글씨 쓰기의 기본 우리말 중 혼자서 소리 낼 수 있는 것을 '모음'이라고 합니다. 이름을 읽으며 따라 써 봅시다.

ㅏ	아	ㅏ	ㅏ			
ㅑ	야	ㅑ	ㅑ			
ㅓ	어	ㅓ	ㅓ			
ㅕ	여	ㅕ	ㅕ			
ㅗ	오	ㅗ	ㅗ			
ㅛ	요	ㅛ	ㅛ			
ㅜ	우	ㅜ	ㅜ			
ㅠ	유	ㅠ	ㅠ			
ㅡ	으	ㅡ	ㅡ			
ㅣ	이	ㅣ	ㅣ			

글씨 쓰기의 기본 자음을 먼저 찾은 뒤 모음을 찾아 조합해 봅시다. 조합한 글자를 읽으며 따라 써 봅시다.

	ㅏ	ㅑ	ㅓ	ㅕ	ㅗ	ㅛ	ㅜ	ㅠ	ㅡ	ㅣ
ㄱ	가	갸	거	겨	고	교	구	규	그	기
ㄴ	나	냐	너	녀		뇨	누	뉴	느	
ㄷ	다	댜	더	뎌	도	됴		듀		디
ㄹ	라	랴	러					류		리
ㅁ	마		머	며		묘	무		므	미
ㅂ	바	뱌	버	벼				뷰	브	비
ㅅ	사	샤	서	셔	소		수	슈	스	
ㅇ	아	야		여	오	요	우	유	으	이
ㅈ	자					죠	주		즈	지
ㅊ	차	챠		쳐	초		추	츄		치
ㅋ	카	캬	커	켜	코	쿄		큐	크	키
ㅌ	타		터	텨		툐	투	튜	트	
ㅍ	파	퍄	퍼		포	표		퓨	프	피
ㅎ	하		허	혀	호	효				

글씨 쓰기의 기본 자음 두 개가 된소리를 내는 된소리 자음과 혀의 위치가 달라지는 이중 모음을 따라 써 봅시다.

ㄲ	쌍기역	ㄸ	쌍디귿	ㅃ	쌍비읍	ㅆ	쌍시옷	ㅉ	쌍지읒
ㄲ① ㄲ②		ㄸ① ㄸ②		ㅃ① ㅃ②		ㅆ① ㅆ②		ㅉ① ㅉ②	
ㄲ		ㄸ		ㅃ		ㅆ		ㅉ	

ㅐ	애	ㅐ			
ㅒ	얘	ㅒ			
ㅔ	에	ㅔ			
ㅖ	예	ㅖ			
ㅚ	외	ㅚ			
ㅘ	와	ㅘ			
ㅙ	왜	ㅙ			
ㅟ	위	ㅟ			
ㅝ	워	ㅝ			
ㅞ	웨	ㅞ			
ㅢ	의	ㅢ			

1

문장의 개념과 문장 부호
'ㅐ, ㅔ'가 들어간 낱말

문장의 뜻을 알고, 문장 부호의 쓰임을 알아봅니다.
'ㅐ, ㅔ'가 들어간 낱말을 학습하고, 띄어쓰기를 하며 바르게 써 봅니다.

 자기 주도 학습 계획표

학습일	쪽	학습 내용	공부한 날	확인
1일차	14~15	문장의 뜻과 문장 부호의 쓰임 알고 따라 쓰기	/	
2일차	16~17	알맞은 문장 부호를 찾고, 바르게 띄어쓰기	/	
3일차	18~19	'ㅐ, ㅔ'를 구별할 줄 알고, 알맞은 낱말 찾아 쓰기	/	
4일차	20	'ㅐ, ㅔ'가 들어간 낱말이 있는 받아쓰기	/	
5일차	111	받아쓰기 급수표 1급 학습	/	

문장의 개념과 문장 부호

1. ①과 ②중에서 건우가 엄마에게 학교에서 있었던 일을 분명하게 전할 수 있는 말은 어느 것인가요?

① 친구   ② 친구와 다투었어요.

2. 자신의 생각이나 느낌을 분명하게 전달할 수 있게 쓴 것을 문장이라고 합니다. 그렇다면 ①과 ②중에서 문장이라고 생각하는 것은 무엇인가요?

① 동생과 함께   ② 동생과 함께 놀았습니다.

3. 문장이 되려면 내용이 완전히 끝나야 하고 문장의 끝에 문장 부호가 있어야 합니다. 여기에서 문장 부호란 문장의 뜻을 알기 쉽게 하기 위하여 쓰는 여러 가지 부호입니다.

.	마침표: 무언가를 설명하는 문장 끝에 씁니다. 온점이라고도 합니다.
!	느낌표: 놀랐을 때나 무언가를 시킬 때와 같이 강한 느낌을 나타내는 문장 끝에 씁니다.
?	물음표: 무언가를 물어보는 문장 끝에 씁니다.
,	쉼표: 문장 중간에 짧게 쉬는 부분에 씁니다. 반점이라고도 합니다.

문장 부호를 적절하게 잘 사용하면 전하고자 하는 내용을 정확하게 전달할 수 있습니다.

문장 쓰기

1 그림과 어울리는 문장을 찾아 선으로 이어 봅시다.

개미는 작아.   기린은 목이 길어.   고슴도치는 가시가 많아.   뱀은 다리가 없어.

2 문장을 바르게 따라 써 봅시다.

개 미 는   작 아 .

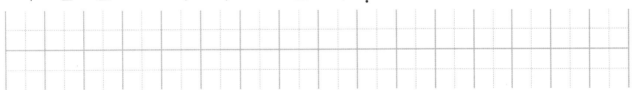

기 린 은   목 이   길 어 .

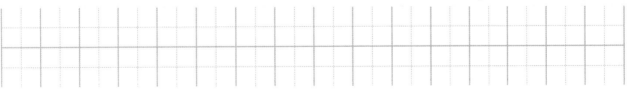

고 슴 도 치 는   가 시 가   많 아 .

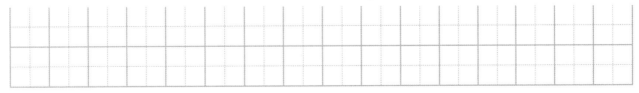

뱀 은   다 리 가   없 어 .

1 빈칸에 알맞은 문장 부호를 찾아 ○표를 해 봅시다.

영차 □ 영차   [.] [,] [!] [?]

우아 □ 멋지다   [.] [,] [!] [?]

어디 있을까 □   [.] [,] [!] [?]

타조는 못 난다 □   [.] [,] [!] [?]

2 색칠된 빈칸에 알맞은 문장 부호를 넣고, 바르게 따라 써 봅시다.

영 차   영 차

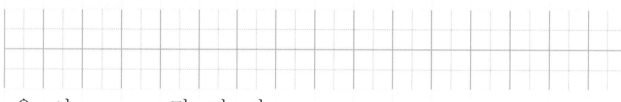

우 아   멋 지 다

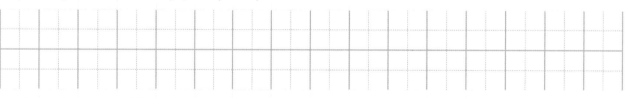

어 디   있 을 까

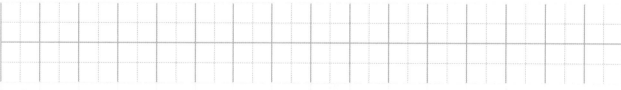

타 조 는   못   난 다

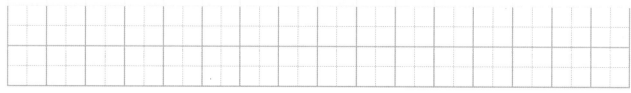

1 알맞은 문장 부호를 생각하며 바르게 띄어 써 봅시다.

친	구	내	친	구
	,		∨	

선	생	님	우	리	선	생	님
		,			∨		

학	교	즐	거	운	학	교
		,			∨	

나	친	구	선	생	님
,		,			

모	두	모	여	우	리	는	하	나
∨			∨			∨		

구	멍	속	에	들	어	갔	는	데
∨			∨				?	

마	당	에	서	물	장	난	하	자
			∨				!	

진	짜	진	짜	재	미	있	게	놀	자
		∨					∨		!

나	비	가	숨	었	어	어	디	있	을	까
	∨				.			∨		?

우	리	는	버	스	타	고	갈	거	야
	∨			∨			∨		.

쉼표 다음 칸은 띄어 쓰지 않습니다.

17

받아쓰기   ‘ㅐ, ㅔ’가 들어간 낱말

1 그림을 정확하게 나타낸 낱말을 찾아 ○표를 해 봅시다.

| 개 | 게 |

| 때 | 떼 |

| 헤 | 해 |

| 새 | 세 |

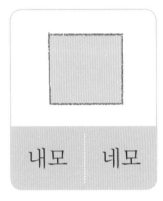

| 내모 | 네모 |

| 매주 | 메주 |

| 가개 | 가게 |

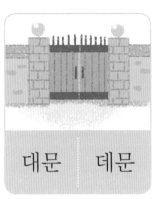

| 대문 | 데문 |

2 문장을 읽고 알맞은 낱말에 ○표를 해 봅시다.

학용품을 아끼면 [오레 | 오래] 쓸 수 있습니다.

입학하고 [세로운 | 새로운] 친구를 만났습니다.

[쓰레기 | 쓰래기] 를 함부로 버리면 안 됩니다.

사용한 물건은 [제자리 | 재자리] 에 두어야 합니다.

엘리베이터를 타고 [네려갔습니다. | 내려갔습니다.]

선생님과 정문에서 [헤어졌습니다. | 해어졌습니다.]

친구들을 집으로 [데려왔습니다. | 대려왔습니다.]

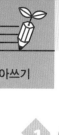

받아쓰기

계획한 날   /   공부한 날   /

1 **보기** 에서 알맞은 낱말을 골라 문장을 써 봅시다.

보기	쓰레기 해 메주 내려갔습니다 오래 게 새로운 가게
	제자리 데려왔습니다 네모 헤어졌습니다

☐ 는 바다에 삽니다.

하늘에 ☐ 가 떠 있습니다.

생선 ☐☐ 앞을 지나갑니다.

☐☐ 는 콩으로 만듭니다.

우리는 ☐☐☐ 를 치웠습니다.

책을 ☐☐☐ 에 두었습니다.

친구가 동생을 ☐☐☐☐☐☐ .

그림책은 ☐☐ 모양입니다.

엄마와 현관에서 ☐☐☐☐☐ .

☐☐☐ 된 건물을 보았습니다.

계단을 조심조심 ☐☐☐☐☐☐ .

☐☐☐ 놀이 기구를 탔습니다.

19

실전 받아쓰기

1 받아쓰기 연습을 해 봅시다.

1. 배

2. 노 래

3. 개 구 리

4. 내 ∨ 꿈

5. 행 복 해 요.

6. 바 람 개 비

7. 나 팔 꽃 이 ∨ 일 어 나 래 요.

8. 나 는 ∨ 힘 이 ∨ 세.

9. 크 게 ∨ 웃 을 ∨ 수 ∨ 있 어.

10. 정 말 ∨ 대 단 해 !

주어 알기
'나, ㅑ', 'ㅕ, ㅓ'가 들어간 낱말

 문장에서 '무엇이, 누가'를 나타내는 주어에 대해 알아봅니다.
'나, ㅑ', 'ㅕ, ㅓ'가 들어간 낱말을 학습하고,
띄어쓰기를 하며 바르게 써 봅니다.

 자기 주도 학습 계획표

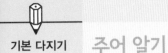

기본 다지기   주어 알기

1. ①과 ②중에서 아이가 맛있다고 한 것은 어느 것인가요?

① 아이스크림   ② 빵

2. 문장에서 '무엇이' 또는 '누가'를 나타내는 부분을 주어라고 합니다. 문장에서 주어가 없으면 '무엇이' 또는 '누가' 어떻게 되었는지 분명하게 알 수 없습니다. 오른쪽 표의 문장에서 주어라고 생각하는 부분에 ○표를 해 봅시다.

나비가	날아다닌다.	
사람이	많다.	
민지가	웃는다.	
어느 날	나무가	쓰러졌습니다.

3. 주어의 뒷부분에는 '이' 또는 '가'가 붙어서 문장에서 '무엇이', '누가'를 나타내는 것을 도와줍니다. 다음 빈칸에 '이' 또는 '가' 중에서 알맞은 글자를 써 봅시다.

① 토끼 [ ] 뛰어갑니다.   ② 책상 [ ] 있습니다.

4. 주어의 뒷부분에 '이' 또는 '가'를 붙일 때, 받침이 없는 글자 다음에는 '가', 받침이 있는 글자 다음에는 '이'를 붙입니다. 다음 빈칸에 알맞은 글자를 써 봅시다.

① 비행기 [ ] 빠르다.   ② 그림책 [ ] 재미있다.

받침 없는 글자   받침 있는 글자

1 문장이 되도록 알맞은 주어에 ○표를 해 봅시다.

손이	하늘에	그립니다.	아팠습니다.
먹습니다.	솜사탕이	돌멩이가	단단합니다.
방이	숨었습니다.	학교에	깨끗합니다.
책이	접시가	덮었습니다.	깨졌습니다.

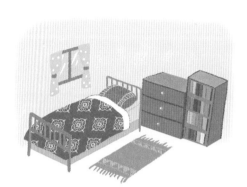

2 문장을 바르게 따라 쓰고, 주어를 색칠해 봅시다.

손 이   아 팠 습 니 다 .

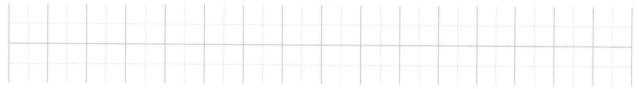

돌 멩 이 가   단 단 합 니 다 .

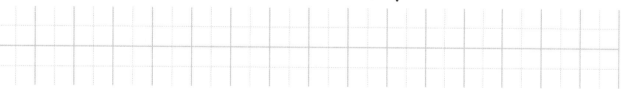

방 이   깨 끗 합 니 다 .

접 시 가   깨 졌 습 니 다 .

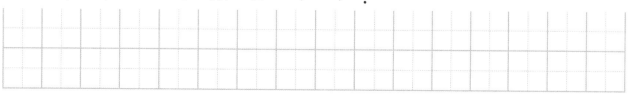

문장 쓰기

1 빈칸에 들어갈 글자를 찾아 선으로 이어 봅시다.

호랑이   나타났습니다.    •

사슴   도망갔습니다.   •   • 이

토끼   숨었습니다.   •   • 가

곰   호랑이에게 다가갑니다.    •

2 색칠된 빈칸에 알맞은 글자를 바르게 써 봅시다.

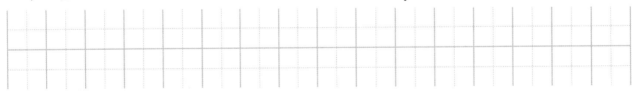

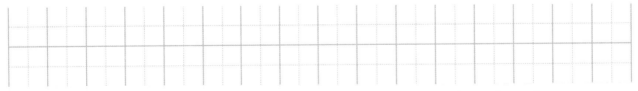

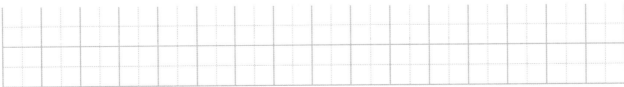

띄어쓰기

1 문장에서 주어를 알 수 있게 바르게 띄어 써 봅시다.

호	랑	이	가	술	래	입	니	다		
			∨						.	

갑	자	기	호	랑	이	가	나	타	났	어	요
			∨				∨				.

우	리	통	이	대	단	한	데		
		∨		∨				.	

바	람	이	어	디	든	데	려	다	줄	거	야
		∨			∨				∨		.

예	솔	이	가	거	실	로	나	왔	다	
		∨			∨				.	

달	팽	이	가	기	어	가	고	있	었	다
		∨				∨			.	

머	리	가	너	무	가	려	웠	어	요
	∨			∨				.	

사	냥	꾼	이	나	타	났	습	니	다
		∨						.	

온	갖	동	물	이	기	웃	거	려	요
	∨				∨			.	

책	들	이	다	시	꼼	지	락	거	려	요
		∨		∨					.	

주어의 '이', '가' 다음은 한 칸 띄고 다음 글자를 씁니다.

받아쓰기

'ㅘ, ㅏ', 'ㅝ, ㅓ'가 들어간 낱말

1 그림을 정확하게 나타낸 낱말을 찾아 ○표를 해 봅시다.

지워   지어

누워   누어

주워   주어

기워   기어

봐서   바서

전하   전화

교과서   교가서

도아주다   도와주다

2 문장을 읽고 알맞은 낱말에 ○표를 해 봅시다.

불이 나면 | 소화기 | 소하기 | 를 사용해야 합니다.

맛있는 열매를 주는 나무가 | 고마웠습니다. | 고마었습니다. |

물고기를 불에 | 구어 | 구워 | 먹었습니다.

달콤한 | 과자 | 가자 | 로 만든 집이 있었습니다.

어항에 물을 가득 | 채웠습니다. | 채었습니다. |

운동장에서 땅에 떨어진 필통을 | 주웠습니다. | 주었습니다. |

동생에게 생일 선물을 | 주웠습니다. | 주었습니디. |

받아쓰기

 보기에서 알맞은 낱말을 골라 문장을 써 봅시다.

> **보기**
> 소화기   지웠습니다   도화지   고마웠습니다   누워서   주워   전화기
> 기어갑니다   구워   채웠습니다   주었습니다   과자

틀린 글자를 지우개로 ⬚⬚⬚⬚⬚⬚ .

곰이 ⬚⬚⬚ 자고 있습니다.

나뭇잎을 ⬚⬚ 친구에게 주었습니다.

달팽이가 천천히 ⬚⬚⬚⬚⬚ .

옥수수를 불에 ⬚⬚ 먹었습니다.

병에 우유를 가득 ⬚⬚⬚⬚ .

물고기에게 먹이를 ⬚⬚⬚⬚⬚ .

⬚⬚⬚⬚ 소리가 크게 울렸습니다.

빨간색 ⬚⬚⬚ 가 있었습니다.

나를 도와주는 친구가 ⬚⬚⬚⬚⬚⬚⬚ .

맛있는 ⬚⬚ 를 팔고 있습니다.

⬚⬚⬚⬚ 에 크레용으로 나무를 그립니다.

실전 받아쓰기

1 받아쓰기 연습을 해 봅시다.

1. 화 난 ∨ 얼 굴

2. 화 나 요 .

3. 무 서 워 요 .

4. 과 자

5. 고 마 워 !

6. 반 가 웠 습 니 다 .

7. 귀 여 웠 습 니 다 .

8. 누 워 서 ∨ 불 편 하 게

9. 도 화 지

10. 이 상 하 지 ∨ 않 아 ∨ 놀 라 웠 다 .

서술어 알기
'뉘, ㅣ'가 들어간 낱말

 문장에서 주어가 '무엇이다, 어찌하다, 어떠하다'를 나타내는
서술어에 대해 알아봅니다.
'뉘, ㅣ'가 들어간 낱말을 학습하고, 띄어쓰기를 하며 바르게 써 봅니다.

 자기 주도 학습 계획표

기본 다지기

와! 비행기가 ······.

1. ①과 ②중에서 비행기가 어떠한지 잘 나타낸 것은 어느 것인가요?

① 정말   ② 빠르다

2. 문장에서 주어가 '무엇이다', '어찌하다' 또는 '어떠하다'를 나타내는 부분을 서술어라고 합니다. 문장에서 서술어가 없으면 주어가 무슨 행동을 하는지, 어떤 모습인지를 분명하게 알 수 없습니다. 그렇다면 오른쪽 표의 문장에서 서술어라고 생각하는 부분에 ○표를 해 봅시다.

저 동물이	코끼리이다.
얼룩말이	뛰어간다.
기린의 목이	길다.

3. 문장에서 서술어는 사람이나 사물(물건, 장소, 건물 등) 또는 움직임, 모양이나 특징을 나타냅니다. 다음 중 사람이나 사물을 나타내는 서술어에는 ○표, 움직임을 나타내는 서술어에는 □표, 모양이나 특징을 나타내는 서술어에는 △표를 해 봅시다.

예쁘다   멋지다   걷다   동물원이다   바람입니다   달리다

구름이다   어린이입니다   먹다   똑똑하다   노래하다

문장 쓰기

1 문장의 빈칸에 들어갈 알맞은 서술어에 ○표를 해 봅시다.

학교에는 친구들이

| 많다. | 선생님 | 많이 |

학교 건물이 아주

| 크게 | 작게 | 크다. |

저 건물이

| 학교입니다. | 병원 | 정말 |

학생이 책을

| 조용히 | 읽습니다. | 책상입니다. |

2 문장을 바르게 따라 쓰고, 서술어를 색칠해 봅시다.

학 교 에 는　친 구 들 이　많 다 .

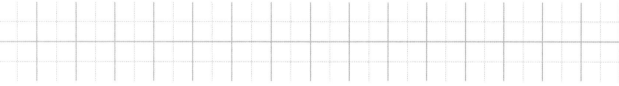

학 교　건 물 이　아 주　크 다 .

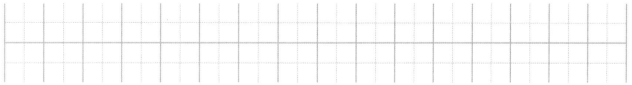

저　건 물 이　학 교 입 니 다 .

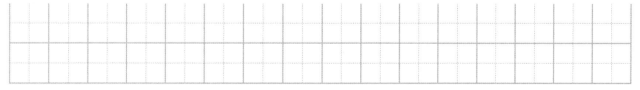

학 생 이　책 을　읽 습 니 다 .

문장 쓰기

1 문장에서 서술어를 색칠하고, 서술어가 무엇을 나타내는지 선으로 이어 봅시다.

심청이는	마음이	착하다.	•
무지개는	일곱 가지	색깔입니다.	•
내	이름은	강주희입니다.	•
태극기가	바람에	펄럭입니다.	•

- 사람, 사물
- 움직임
- 모양이나 특징

2 보기 에서 알맞은 서술어를 골라 문장의 빈 곳에 바르게 써 봅시다.

보기   무너졌습니다.   초등학생입니다.   무섭습니다.   날아갑니다.

돼 지 는   늑 대 가

나 는   이 제

파 도 에   모 래 성 이

풍 선 이   하 늘 로

1 문장에서 서술어를 알 수 있게 바르게 띄어 써 봅시다.

나	는	김	슬	기	입	니	다

자	전	거	가	나	갑	니	다

그	래	야	병	이	빨	리	낫	지

곰	이	나	무	뒤	에	숨	었	습	니	다

호	랑	이	님	제	발	살	려	주	세	요

잠	시	만	기	다	리	세	요

이	름	은	초	롱	이	야

세	마	리	는	한	데	모	였	지	요

엄	마	바	람	개	비	만	들	었	어	요

재	미	있	는	생	각	이	떠	올	랐	어	요

받아쓰기   ' '

1 그림을 정확하게 나타낸 낱말을 찾아 ○표를 해 봅시다.

바이   바위

당나귀 당나기

귀고리 기고리

주사이 주사위

거위   거이

기저귀 기저기

귓속말 깃속말

다람지 다람쥐

2 문장을 읽고 알맞은 낱말에 ○표를 해 봅시다.

가이 가위 는 종이를 자를 때 사용합니다.

숲 속에서 새들이 지저기고 지저귀고 있습니다.

호박이 멋진 마차로 바끼었습니다. 바뀌었습니다.

우리는 운동장을 마음껏 뛰었습니다. 띠었습니다.

동전의 그림면을 뒤집으면 디집으면 숫자 면이 나옵니다.

새로 태어난 강아지가 기여웠습니다. 귀여웠습니다.

그 부채는 앞뒤 앞디 가 똑같습니다.

받아쓰기

1 보기 에서 알맞은 낱말을 골라 문장을 써 봅시다.

> 보기
> 바뀌었습니다   귓속말   바위   쉬었습니다   귀고리   거위   주사위
> 다람쥐   지저귀는   가위   앞뒤   기저귀

커다란 ☐☐ 가 굴러 내려왔습니다.

책상 위에 예쁜 ☐☐☐ 가 있습니다.

☐☐☐ 에서 가장 큰 수는 6입니다.

아기에게는 ☐☐☐ 가 꼭 필요합니다.

신호등이 빨간색으로 ☐☐☐☐☐☐ .

새들이 ☐☐☐☐ 숲이 좋습니다.

우리는 그늘에서 잠시 ☐☐☐☐☐ .

날카로운 ☐☐ 는 위험합니다.

오리와 ☐☐ 는 생김새가 다릅니다.

자동차는 ☐☐ 가 다르게 생겼습니다.

☐☐☐ 로 속삭이면 간지러워요.

도토리는 ☐☐☐ 의 먹이입니다.

35

실전 받아쓰기

1 받아쓰기 연습을 해 봅시다.

1. 토끼가 ∨ 뛰어갑니다.

2. 뒤뚱뒤뚱 ∨ 아기 ∨ 오리

3. 친구들하고 ∨ 논 ∨ 뒤에 ∨ 돌려줄게.

4. 당나귀

5. 재빨리 ∨ 귓속말을 ∨ 하였어요.

6. 둥지째 ∨ 떼어 ∨ 갈까?

7. 귀찮아서 ∨ 싫다고 ∨ 하였다.

8. 흥겹게 ∨ 지저귀는 ∨ 새들

9. 동산 ∨ 위에 ∨ 떴지.

10. 다람쥐 ∨ 한눈팔 ∨ 때

목적어 알기

'ㅔ, ㅖ, ㅒ', 'ㅙ, ㅚ, ㅞ'가 들어간 낱말

'ㅚ, ㅔ'와 'ㅣ' 구별하기

 문장에서 동작의 대상을 나타내는 목적어에 대해 알아봅니다.
'ㅔ, ㅖ, ㅒ', 'ㅙ, ㅚ, ㅞ', 'ㅚ, ㅔ'와 'ㅣ'를 구별하여 낱말을 학습하고,
띄어쓰기를 하며 바르게 써 봅니다.

 자기 주도 학습 계획표

기본 다지기

1. ①과 ②중에서 남자아이가 한 말의 빈칸에 들어갈 말은 어느 것인가요?

① 사과를   ② 전부

2. 문장에서 동작의 대상을 나타내는 부분을 목적어라고 합니다. 문장에서 목적어가 없을 경우 주어나 서술어가 '무엇을', '누구를' 어찌 하는지 분명하게 알 수 없습니다. 오른쪽 표의 문장에서 목적어라고 생각하는 부분에 ○ 표를 해 봅시다.

동생이	연필을	찾습니다.
아침부터	노래를	불렀습니다.
나는	엄마를	좋아합니다.
나무꾼이	사슴을	숨겨주었습니다.

> 목적어는 대부분 서술어 앞에 씁니다.

3. 목적어의 뒷부분에는 '을' 또는 '를'이 붙어서 문장에서 동작의 대상을 나타내 줍니다. 다음 빈칸에 '을' 또는 '를' 중에서 알맞은 글자를 써 봅시다.

① 친구와 함께 버스 ☐ 탔습니다.   ② 서점에서 그림책 ☐ 샀습니다.

4. 목적어의 뒷부분에 '을' 또는 '를'을 붙일 때, 받침이 없는 글자 다음에는 '를', 받침이 있는 글자 다음에는 '을'을 붙입니다. 다음 빈칸에 알맞은 글자를 써 봅시다.

① 우리는 책 읽기 ☐ 좋아합니다.   ② 동물의 모습 ☐ 그렸습니다.
         받침 없는 글자   받침 있는 글자

1 문장에 알맞은 목적어에 ○표를 해 봅시다.

요리사가   만들었습니다.

| 많이 | 음식을 | 냄비를 |

손님이   흔듭니다.

| 손을 | 느리게 | 집에 |

종업원이   가져옵니다.

| 걸어서 | 음식을 | 열심히 |

우리는   합니다.

| 방을 | 식사를 | 빨리 |

2 문장을 바르게 따라 쓰고, 목적어를 색칠해 봅시다.

요 리 사 가   음 식 을   만 들 었 습 니 다 .

손 님 이   손 을   흔 듭 니 다 .

종 업 원 이   음 식 을   가 져 옵 니 다 .

우 리 는   식 사 를   합 니 다 .

문장 쓰기

1 빈칸에 들어갈 글자를 찾아 선으로 이어 봅시다.

우리는 장난감   샀어요.   •

나는 비행기   샀어요.   •   • 을

동생은 자동차   샀어요.   •   • 를

친구는 곰 인형   샀어요.   •

2 색칠된 빈칸에 알맞은 글자를 바르게 써 봅시다.

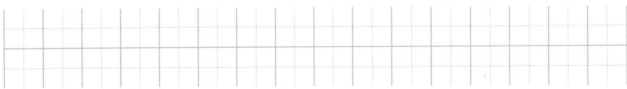

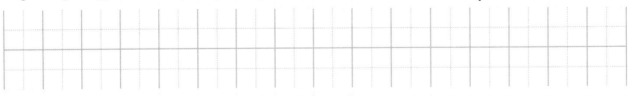

친 구 는   곰   인 형   샀 어 요 .

1 문장에서 목적어를 알 수 있게 바르게 띄어 써 봅시다.

큰	곰	이	내	공	을	가	져	갔	어

동	물	들	이	즐	겁	게	춤	을	춥	니	다

재	훈	이	가	딸	기	를	먹	습	니	다

어	흥	너	를	잡	아	먹	어	야	겠	다

이	름	을	초	롱	이	라	고	지	었	구	나

신	나	게	춤	을	추	어	요

달	콤	한	사	탕	을	먹	으	면	서	도

집	에	서	생	일	잔	치	를	했	다

돌	멩	이	를	올	려	구	웠	어	요

그	래	서	꾀	를	내	었	어	요

목적어의 '을', '를' 다음은 한 칸 띄고 다음 글자를 씁니다.

1 그림을 정확하게 나타낸 낱말을 찾아 ○표를 해 봅시다.

시계   시계

차레   차례

횡단보도 행단보도

외양간 왜양간

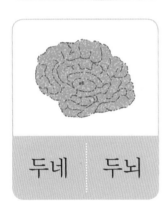

두네   두뇌

띄어쓰기 띠어쓰기

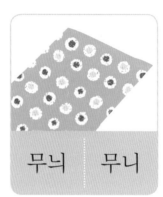

무늬   무니

의사   이사

2 문장을 읽고 알맞은 낱말에 ○표를 해 봅시다.

가위질을 할 때는 [주의 | 주이] 해야 한다.

연못에 [힌 | 흰] 오리가 놀고 있습니다.

우산이 없는 친구에게 우산을 [씨어 | 씌워] 주었습니다.

그 로봇은 [형의 | 형에] 장난감입니다.

송아지가 자라서 암소가 [되었습니다. | 돼었습니다.]

친구들과 함께 많은 [예기 | 얘기] 를 했습니다.

나는 [예의 | 예이] 바른 초등학생입니다.

받아쓰기

1 보기 에서 알맞은 낱말을 골라 문장을 써 봅시다.

> 보기 띠어쓰기   주의   횡단보도   흰   의사   차례   예의   건네
> 외양간   되었습니다   시계   무늬

얼음 위를 걸을 때는 [ ][ ] 해야 한다.

하늘에서 내리는 눈은 [ ] 색입니다.

물방울 [ ][ ] 가 있는 필통입니다.

도둑은 [ ][ ][ ] 에 숨었습니다.

[ ][ ] 바른 어린이가 됩시다.

오빠에게 모자를 [ ][ ] 주었습니다.

작은 씨앗이 큰 나무가 [ ][ ][ ][ ][ ] .

[ ][ ][ ][ ] 는 아주 쉽습니다.

[ ][ ][ ][ ] 에 사람이 많이 있습니다.

식당에 [ ][ ] 대로 들어갑니다.

벽에 걸린 [ ][ ] 가 떨어졌습니다.

나의 꿈은 [ ][ ] 가 되는 것입니다.

43

1 받아쓰기 연습을 해 봅시다.

1. 왜 ∨ 그 러 지 ?

2. 아 기 의 ∨ 대 답

3. 아 주 ∨ 조 그 마 한 ∨ 알 람 ∨ 시 계

4. 오 고 ∨ 싶 으 면 ∨ 와 도 ∨ 돼 !

5. 금 세 ∨ 꽃 밭 이 ∨ 되 었 어 요 .

6. 열 쇠

7. 할 머 니 의 ∨ 발 뒤 꿈 치

8. 지 금 은 ∨ 안 ∨ 됩 니 다 .

9. 개 미 ∨ 한 ∨ 마 리 가 ∨ 외 쳤 어 요 .

10. 시 계 탑 ∨ 앞 에 서

문장의 종류

대표음으로 소리 나는 낱말

 여러 가지 문장의 종류에 대해 알아봅니다.
대표음으로 소리 나는 낱말을 학습하고,
띄어쓰기를 하며 바르게 써 봅니다.

자기 주도 학습 계획표

학습일	쪽	학습 내용	공부한 날	확인
1일차	46~47	문장의 여러 종류를 알고 바르게 따라 쓰기	/	
2일차	48~49	문장의 종류가 같은 것을 찾고, 바르게 띄어쓰기	/	
3일차	50~51	대표음으로 소리 나는 낱말을 알고, 알맞은 낱말 찾아 쓰기	/	
4일차	52	대표음으로 소리 나는 낱말이 있는 받아쓰기	/	
5일차	112	받아쓰기 급수표 5급 학습	/	

기본 다지기

1. ①과 ②중에서 여자아이가 한 말의 빈칸에 들어갈 말은 어느 것인가요?

① 먹었어   ② 먹을까

2. 문장에는 여러 종류가 있습니다. 어떤 일의 내용이나 자신의 생각을 설명하는 문장, 듣는 사람에게 물어보는 문장, 무엇을 시키는 문장, 함께하자고 부탁하는 문장, 말하는 이가 자신의 느낌을 나타내는 문장이 있습니다. 문장은 끝에 오는 끝맺음 말에 따라 종류가 달라지고 뜻도 달라집니다. 문장에 대한 알맞은 설명을 연결해 봅시다.

우리 학교는 정말 아름답습니다. •	• 말하는 이가 자신의 느낌을 나타내는 문장
어떤 놀이를 할까? •	• 듣는 사람에게 물어보는 문장
준비물을 잘 챙겨서 와. •	• 듣는 사람에게 함께하자고 부탁하는 문장
우리 놀이터에서 함께 놀자. •	• 듣는 사람에게 무엇을 시키는 문장
치타는 정말 빠르구나! •	• 어떤 일의 내용이나 자신의 생각을 그대로 설명하는 문장

3. 문장의 종류에 따라 사용하는 문장 부호가 다릅니다. 대부분 문장의 끝에는 ⬜ (마침표)를 사용하고, 듣는 사람에게 물어보는 문장에는 ⬜? (물음표)를, 말하는 이가 자신의 느낌을 나타내는 문장에는 ⬜! (느낌표)를 사용합니다.

문장 쓰기

1 문장의 종류에 맞게 선으로 이어 봅시다.

이 책 정말 재미있구나! •

애들아, 장난감 정리해라. •

우리 공기놀이 하자. •

어떤 놀이가 재미있을까? •

• 어떤 일의 내용이나 자신의 생각을 그대로 설명하는 문장

• 듣는 사람에게 물어보는 문장

• 듣는 사람에게 무엇을 시키는 문장

• 듣는 사람에게 함께하자고 부탁하는 문장

• 말하는 이가 자신의 느낌을 나타내는 문장

2 문장의 종류를 생각하며 바르게 따라 써 봅시다.

| 이 | | 책 | | 정 | 말 | | 재 | 미 | 있 | 구 | 나 | ! |

| 애 | 들 | 아 | , | | 장 | 난 | 감 | | 정 | 리 | 해 | 라 | . |

| 우 | 리 | | 공 | 기 | 놀 | 이 | | 하 | 자 | . |

| 어 | 떤 | | 놀 | 이 | 가 | | 재 | 미 | 있 | 을 | 까 | ? |

문장 쓰기

1 문장의 종류가 같은 것끼리 선으로 이어 봅시다.

어떤 놀이 기구를 타 볼까? •   • 날씨가 정말 흐렸다.

이 나무 정말 신기하구나! •   • 아침에 일찍 일어나거라.

이제 간식 먹어라. •   • 누가 달리기를 가장 잘하니?

오늘은 비가 내렸습니다. •   • 물고기가 엄청 크구나!

2 색칠된 빈칸에 알맞은 문장 부호를 바르게 써 봅시다.

어	떤		놀	이		기	구	를		타		볼	까

이		나	무		정	말		신	기	하	구	나

이	제		간	식		먹	어	라

오	늘	은		비	가		내	렸	습	니	다

1 문장의 종류를 생각하며 바르게 띄어 써 봅시다.

으	악	큰	곰	이	다					
		!	∨		∨				!	
어	서	나	와	라						
		∨				.				
민	지	야	왜	그	러	니				
		,		∨				?		
친	구	들	은	깔	깔	대	고	웃	었	어	요
			∨				∨				.
주	영	아	발	내	밀	어	봐			
		,		∨			∨		.	
큰	소	리	로	인	사	하	였	어	요	
	∨			∨					.	
고	마	워	정	말	고	마	워			
		!	∨		∨			!		
지	우	개	하	나	사	주	세	요		
		∨			∨		∨		.	
지	우	개	로	놀	이	를	하	니		
			∨		∨			?		
모	두	똑	같	구	나					
		∨			!					

받아쓰기

1 그림을 정확하게 나타낸 낱말을 찾아 ○표를 해 봅시다.

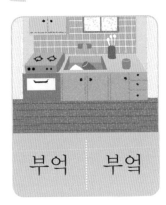

부억 | 부엌

꼳 | 꽃

손 | 솥

무릅 | 무릎

받줄 | 밧줄

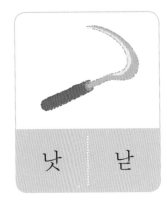

낫 | 낟

업지르다 | 엎지르다

젇가락 | 젓가락

2 문장을 읽고 알맞은 낱말에 ○표를 해 봅시다.

나와 동생은 얼굴 생김새가 [비슫하다.] [비슷하다.]

[햇빗] [햇빛] 이 뜨거운 여름이 왔다.

나는 선생님의 도우미를 [맏았다.] [맡았다.]

추석에는 송편을 [빋는다.] [빚는다.]

[낟] [낮] 에는 해가 하늘에 떠 있습니다.

입 안에 먼지가 들어가 침을 [뱉었습니다.] [밷었습니다.]

나는 추우면 이불을 [덥습니다.] [덮습니다.]

대표음이란, 서로 다른 자음이 받침으로 쓰일 때 하나의 자음으로 발음되는 음을 말합니다. 받침에서 'ㄱ, ㅋ, ㄲ'이 'ㄱ'으로, 'ㄷ, ㅌ, ㅅ, ㅈ, ㅊ'이 'ㄷ'으로, 'ㅂ, ㅍ'이 'ㅂ'으로 발음되므로, 'ㄱ, ㄷ, ㅂ'이 대표음입니다.

50

받아쓰기

1 보기 에서 알맞은 낱말을 골라 문장을 써 봅시다.

> 보기 햇빛   솥   무릎   덮습니다   낮   맡았다   부엌   비슷하다
> 뱉었습니다   젓가락   빚는다   엎지르다

책상에 우유를 ☐☐☐☐ .

겨울에는 두꺼운 이불을 ☐☐☐☐ .

☐ 에는 친구들과 놀 수 있습니다.

나도 엄마와 함께 만두를 ☐☐☐ .

이번에는 선녀 역할을 ☐☐☐ .

☐☐ 을 가리려고 모자를 썼습니다.

개구리와 두꺼비는 생김새가 ☐☐☐☐ .

저녁 식사를 준비하러 ☐☐ 에 갔다.

넘어져서 ☐☐ 을 다쳤어요.

수박씨를 멀리 ☐☐☐☐☐ .

☐☐☐ 으로 반찬을 집어 먹었습니다.

☐ 에는 맛있는 밥이 가득 있었다.

실전 받아쓰기

① 받아쓰기 연습을 해 봅시다.

1. 풀 밭

2. 솥

3. 손 을 ∨ 씻 습 니 다 .

4. 깃 발 을 ∨ 흔 듭 니 다 .

5. 밧 줄 을 ∨ 발 견 하 였 어 요 .

6. 작 은 ∨ 풀 꽃 이 었 어 요 .

7. 젓 가 락 질

8. 늦 게 ∨ 왔 다 .

9. 꼭 ∨ 갖 고 ∨ 싶 어 요 .

10. 호 랑 이 와 ∨ 곶 감

6

흉내 내는 말
받침에 'ㅎ'이 있는 낱말

여러 가지 흉내 내는 말에 대해 알아봅니다.
받침에 'ㅎ'이 있는 낱말을 학습하고, 띄어쓰기를 하며 바르게 써 봅니다.

 자기 주도 학습 계획표

학습일	쪽	학습 내용	공부한 날	확인
1일차	54~55	흉내 내는 말의 종류를 알고 따라 쓰기	/	
2일차	56~57	알맞은 흉내 내는 말을 찾고, 바르게 띄어쓰기	/	
3일차	58~59	받침에 'ㅎ'이 있는 낱말을 알고, 알맞은 낱말 찾아 쓰기	/	
4일차	60	받침에 'ㅎ'이 있는 낱말의 받아쓰기	/	
5일차	112	받아쓰기 급수표 6급 학습	/	

1. ①과 ②중에서 빈칸에 들어갈 거북이의 움직임을 흉내 내는 말은 어느 것인가요?

① 귀엽게   ② 느릿느릿

2. 문장을 쓸 때 사람이나 물건의 모양이나 움직임 그리고 소리를 실제인 것처럼 느끼게 하기 위하여 흉내 내는 말을 사용합니다. 흉내 내는 말에는 모양이나 움직임을 흉내 내는 말과 소리를 흉내 내는 말이 있습니다.

모양이나 움직임을 흉내 내는 말	소리를 흉내 내는 말
뒤뚱뒤뚱 살금살금	따르릉 꿀꿀

3. 다음 중 모양이나 움직임을 흉내 내는 말에는 ○표, 소리를 흉내 내는 말에는 △표를 해 봅시다.

많이   깡충깡충   뛰다   음매음매

4. 흉내 내는 말에는 하나의 낱말로 된 흉내 내는 말이 있고, 같은 글자나 비슷한 글자가 되풀이되는 흉내 내는 말도 있습니다. 보기 에서 알맞은 말을 골라 써 봅시다.

보기 깜짝 꿀꿀 멍멍 벌떡	하나의 낱말로 된 흉내 내는 말	같은 글자나 비슷한 글자가 되풀이되는 흉내 내는 말

54

문장 쓰기

1 문장에서 흉내 내는 말을 찾아 ○표를 하고, 무엇을 흉내 낸 것인지 연결하여 봅시다.

꼬리를 살랑살랑 흔듭니다. •

참새가 짹짹 노래합니다. •
　　　　　　　　　　　　　　　　　• 모양이나 움직임

개구리가 폴짝폴짝 뜁니다. •
　　　　　　　　　　　　　　　　　• 소리

방울을 딸랑딸랑 흔듭니다. •

2 모양이나 움직임을 흉내 내는 말은 초록색, 소리를 흉내 내는 말은 노란색으로 색칠하고, 문장을 바르게 따라 써 봅시다.

꼬 리 를 　 살 랑 살 랑 　 흔 듭 니 다 .

참 새 가 　 짹 짹 　 노 래 합 니 다 .

개 구 리 가 　 폴 짝 폴 짝 　 뜁 니 다 .

방 울 을 　 딸 랑 딸 랑 　 흔 듭 니 다 .

문장 쓰기

1 문장에 들어갈 알맞은 흉내 내는 말을 찾아 선으로 이어 봅시다.

파도가 바위에   부딪힌다. •   • 토닥토닥

뱃속에서   소리가 났다. •   • 훨훨

어깨를   두드려 주었다. •   • 꼬르륵

갈매기가   날아간다. •   • 철썩철썩

2 색칠된 빈칸에  에서 찾은 흉내 내는 말을 넣어 바르게 써 봅시다.

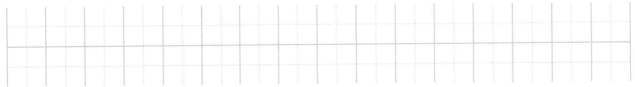

바	위	에							부	딪	힌	다	.

뱃	속	에	서						소	리	가		났	다	.

어	깨	를							두	드	려		주	었	다	.

갈	매	기	가						날	아	간	다	.

띄어쓰기

문장에서 흉내 내는 말을 생각하며 바르게 띄어 써 봅시다.

커 다 랗 고 컴 컴 한 터 널 을

고 양 이 가 야 옹 야 옹

나 비 가 팔 랑 팔 랑

코 부 터 발 름 발 름 대 답 하 지 요

눈 부 터 생 글 생 글 대 답 하 지 요

둥 실 둥 실 두 둥 실

뾰 족 뾰 족 나 는 무 섭 지 않 아

주 룩 주 룩 소 낙 비 가 씻 어

옷 소 매 로 코 를 쓱 쓱 닦 았 어 요

하 나 를 집 어 꿀 꺽 삼 켰 어 요

받아쓰기

계획한 날   /   공부한 날   /

1 그림을 정확하게 나타낸 낱말을 찾아 ○표를 해 봅시다.

| 빨갛다 빨가타 | 쌓다 싸타 | 닷다 닿다 | 낫다 낳다 |

| 찢다 찧다 | 넣다 넛다 | 동그랗다 동그랏다 | 누렃다 누렇다 |

2 문장을 읽고 알맞은 낱말에 ○표를 해 봅시다.

할아버지의 머리카락은 [하야케 하얗게] 세어 있었다.

자전거가 [어떻게 어떡게] 되었는지 모른다.

까마귀는 온몸이 [까마다. 까맣다.]

안개가 끼어 눈앞이 [뿌옇게 뿌여케] 보였습니다.

동생은 [아무러치 아무렇지] 않게 넘어진 자리에서 일어났습니다.

우리는 [사이조은 사이좋은] 형제입니다.

넘어지는 바람에 생긴 무릎의 멍이 [시퍼러다. 시퍼렇다.]

58

받아쓰기

1 보기 에서 알맞은 낱말을 골라 문장을 써 봅시다.

보기
빨갛다   사이좋은   하얗게   동그랗다   닿다   낳다   어떻게
누렇다   뿌옇게   까맣다   넣다   아무렇지

해가 질 때 하늘은 ☐☐☐ .

안개 때문에 밖이 ☐☐☐ 보인다.

누나와 나는 ☐☐☐☐ 남매입니다.

옆집 강아지는 온몸이 ☐☐☐ .

눈이 온 마당을 ☐☐☐ 뒤덮었습니다.

교과서를 가방에 ☐☐ .

축구공은 모양이 ☐☐☐☐ .

무거운 바위를 ☐☐☐☐ 않게 들다.

손가락이 철봉에 ☐☐ .

개구리가 연못에 알을 ☐☐ .

물에 빠진 공을 ☐☐☐ 꺼낼까?

가을이 되어 벼가 ☐☐☐ .

실전 받아쓰기

① 받아쓰기 연습을 해 봅시다.

1. 높이 ∨ 닿아

2. 잘 ∨ 살았으면 ∨ 좋겠다.

3. 책을 ∨ 쌓기 ∨ 시작하였어요.

4. 아, 그렇구나!

5. 소복하게 ∨ 낳아 ∨ 놓았습니다.

6. 왜 ∨ 이렇게 ∨ 딱딱해요?

7. 허리춤에 ∨ 넣어 ∨ 갈까?

8. 어떻게 ∨ 하지?

9. 기분을 ∨ 좋게 ∨ 하는 ∨ 말

10. 덩치도 ∨ 커다랗고

꾸며 주는 말
앞뒤 자음의 소리가 닮아 가는 낱말

문장에서 꾸며 주는 말에 대해 알아봅니다.
앞뒤 자음의 소리가 닮아 가는 낱말을 학습하고,
띄어쓰기를 하며 바르게 써 봅니다.

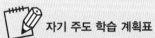
자기 주도 학습 계획표

학습일	쪽	학습 내용	공부한 날	확인
1일차	62~63	꾸며 주는 말을 알고, 바르게 따라 쓰기	/	
2일차	64~65	알맞은 꾸며 주는 말을 찾고, 바르게 띄어쓰기	/	
3일차	66~67	앞뒤 자음의 소리가 닮아 가는 낱말을 알고, 알맞은 낱말 찾아 쓰기	/	
4일차	68	앞뒤 자음의 소리가 닮아 가는 낱말이 있는 받아쓰기	/	
5일차	112	받아쓰기 급수표 7급 학습	/	

기본 다지기

1. 여자아이와 남자아이 중에서 기차의 모습을 더 자세하게 설명한 어린이는 누구입니까?

_____

2. 문장을 쓸 때 뒤에 오는 말을 자세하게 나타내거나 뜻을 분명하게 전달하기 위하여 사용하는 말을 꾸며 주는 말이라고 합니다. 그래서 꾸며 주는 말을 넣어 문장을 쓰면 글을 자세하고 생생하게 나타낼 수 있습니다. 어떤 꾸며 주는 말을 사용하는지에 따라 뜻이 달라지기도 합니다. '예쁜 애벌레'에서 '예쁜' 대신 '징그러운'을 꾸며 주는 말로 넣으면 문장의 뜻이 달라집니다.

3. 꾸며 주는 말은 문장에서 주어, 목적어, 서술어를 꾸며 줍니다. 꾸며 주는 말을 나타내는 화살표를 점선을 따라 그려 봅시다.

주어를 꾸며 주는 경우
예쁜 애벌레가 기어갑니다.

목적어를 꾸며 주는 경우
독수리가 커다란 날개를 흔듭니다.

서술어를 꾸며 주는 경우
내가 사물함을 깨끗하게 정리했다.

흉내 내는 말이 서술어를 꾸며 주는 경우
개구리가 개굴개굴 웁니다.

문장 쓰기

1 문장에서 꾸며 주는 말에 ○표를 하고, 무엇을 꾸며 주고 있는지 연결하여 봅시다.

파란 하늘이 좋습니다.　　　•

나는 뜨거운 주전자를 피했다. •　　　　　　　　　　　•　주어

가슴이 콩닥콩닥 뛰었다.　　•　　　　　　　　　　　•　목적어

　　　　　　　　　　　　　　　　　　　　　　　　•　서술어

우리는 귀여운 인형을 샀다.　•

2 문장을 바르게 따라 쓰고, 꾸며 주는 말을 색칠해 봅시다.

파 란　　하 늘 이　　좋 습 니 다 .

나 는　　뜨 거 운　　주 전 자 를　　피 했 다 .

가 슴 이　　콩 닥 콩 닥　　뛰 었 다 .

우 리 는　　귀 여 운　　인 형 을　　샀 다 .

문장 쓰기

1️⃣ 문장의 빈칸에 어울리는 꾸며 주는 말을 찾아 선으로 이어 봅시다.

도둑은　　　　　　　　도망쳤다.　•　　　　　　　　　•　천천히

　　　　　　　사자가 다가왔다.　•　　　　　　　　　•　동그란

　　　　　　　눈덩이를 완성했습니다.　•　　　　　　•　사나운

공을　　　　　　　　굴렀습니다.　•　　　　　　　　　•　재빨리

2️⃣ 색칠된 빈칸에 1️⃣에서 찾은 꾸며 주는 말을 넣어 바르게 써 봅시다.

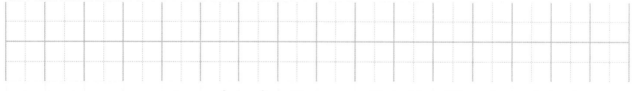

띄어쓰기

1 문장에서 꾸며 주는 말을 찾으며 바르게 띄어 써 봅시다.

예	쁜	글	자	가	하	나	가	득					
	∨				∨		∨						

강	아	지	와	친	한	친	구	가	되	었	어		
			∨		∨				∨				.

큰	소	리	로	외	쳐	요							
	∨			∨		.							

예	쁜	나	비	가	잘	어	울	립	니	다			
	∨			∨		∨				.			

달	콤	한	사	탕	이	있	을	까	?				
		∨			∨			?					

추	운	겨	울	어	떻	게	지	내	나				
	∨		∨				∨		?				

선	생	님	은	깜	짝	놀	랐	어	요				
			∨		∨				.				

소	중	한	보	물	이	하	나	있	습	니	다		
		∨			∨			∨			.		

우	리	는	활	짝	웃	었	습	니	다				
		∨		∨					.				

예	쁜	꽃	이	활	짝	피	었	습	니	다			
	∨		∨		∨								

계획한 날   /   공부한 날   /

1 그림을 정확하게 나타낸 낱말을 찾아 ○표를 해 봅시다.

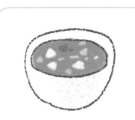

국물   궁물

식물   싱물

몽마   목마

숭녀   숙녀

망내   막내

낟말   남말

빗물   빈물

공농   공룡

2 문장을 읽고 알맞은 낱말에 ○표를 해 봅시다.

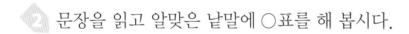

빈나는 빛나는 별들이 하늘에 가득합니다.

옆집에서 개가 진는 짖는 소리가 들립니다.

겨울에는 날로 난로 옆이 가장 따뜻하다.

물건을 나를 때 손수레가 있으면 편리하다. 펼리하다.

우리나라 선수가 경기에서 승니 승리 했다.

냉장고에는 음뇨수 음료수 가 가득 차 있었다.

저의 장내 희망 장래 희망 은 선생님입니다.

자음과 자음이 만나서 두 자음의 소리가 닮아 가는 현상입니다. 예를 들어, '설날'이라 쓰고, 소리 내어 읽을 때는 뒤따르는 글자의 자음 'ㄴ'이 앞 글자 받침의 자음 'ㄹ'의 소리를 그대로 닮아 가서 [설랄]이라고 발음하게 됩니다.

66

받아쓰기

1 보기 에서 알맞은 낱말을 골라 문장을 써 봅시다.

> 보기
>
> 빛나는   식물   음료수   막내   짖는   빗물   목마   장래 희망
> 편리하다   난로   승리   국물

꽃과 나무는 ☐☐ 입니다.

뜨거운 ☐☐ 을 천천히 마셨다.

나는 우리 집에서 ☐☐ 입니다.

상자에는 ☐☐☐ 보석이 들어 있었다.

우산에 ☐☐ 이 떨어지는 소리가 좋다.

☐☐ 주변에서는 조심해야 합니다.

나무로 만든 말을 ☐☐ 라고 합니다.

동생의 ☐☐ ☐☐ 은 의사입니다.

가게에서 시원한 ☐☐☐ 를 샀다.

이 연필은 사용하기 ☐☐☐☐ .

놀이에서 ☐☐ 한 친구를 칭찬했습니다.

개가 ☐☐ 소리가 시끄럽습니다.

67

실전 받아쓰기

🖐 받아쓰기 연습을 해 봅시다.

1. 재미있는 ∨ 내 ∨ 얼굴

2. 다 ∨ 같이 ∨ 공놀이

3. 장난감

4. 비눗방울

5. 줄넘기

6. 깃발을 ∨ 흔듭니다.

7. 쟁반같이 ∨ 둥근 ∨ 달

8. 못해도 ∨ 괜찮아.

9. 물감을 ∨ 묻혔을 ∨ 때

10. 어떻게 ∨ 표현할까요?

높임 표현
소리가 이어져서 나는 낱말

예의를 갖추어 말하는 높임 표현에 대해 알아봅니다.
소리가 이어져서 나는 낱말을 학습하고,
띄어쓰기를 하며 바르게 써 봅니다.

 자기 주도 학습 계획표

기본 다지기

1. 남자아이와 여자아이 중에서 예의 바르게 말한 어린이는 누구인가요?
① 남자아이   ② 여자아이

2. 말하는 사람보다 듣는 사람이 나이가 많은 어른인 경우에는 예의를 갖추어 말해야 합니다. 이때 문장에 예의를 갖추어 말하는 것을 높임 표현이라고 합니다. 높임 표현은 서술어에 '~어요', '~시~'를 넣어 높임을 표현하는 방법을 가장 많이 씁니다.

> 학교에 다녀왔어. → 학교에 다녀왔어요.   어디에 다녀오니? → 어디에 다녀오시나요?

3. 우리가 평소에 사용하는 낱말을, 뜻은 같지만 높임을 나타내는 낱말로 바꾸어 사용하여 높임을 표현하는 방법도 있습니다.

> 집 → 댁 | 나 → 저 | 먹다 → 잡수시다 | 나이 → 연세

4. 높임 표현을 써야 하는 사람에게는 '이/가', '은/는', '~에게' 대신 '께/께서'를 사용합니다. 보기를 보고 빈 곳에 알맞은 높임 표현을 써 봅시다.

> **보기**
> 친구가 전화를 했다. → 아빠께서 전화를 하셨다.
> 동생에게 선물을 주었다. → 아빠께 선물을 드렸다.
>
> 친구가 빵을 먹었다.
> → 아빠   빵을   .

문장 쓰기

1 문장에서 높임 표현이 잘못된 부분에 ○표를 하고, 바른 낱말을 찾아 연결하여 봅시다.

모르면 할머니께 물어봐. •　　　　　• 연세

할머니께서는 나이가 많으시다. •　　　• 생신

내일은 할머니의 생일입니다. •　　　• 뵈러

주말에 할머니를 만나러 갑니다. •　　• 여쭤워 봐.

2 문장을 바르게 따라 쓰고, 높임 표현을 사용한 부분을 색칠해 봅시다.

모르면 할머니께 여쭤워 봐.

할머니께서는 연세가 많으시다.

내일은 할머니의 생신입니다.

주말에 할머니를 뵈러 갑니다.

계획한 날　　/　　공부한 날　　/

문장 쓰기

71

1 문장의 빈칸에 들어갈 알맞은 높임 표현을 찾아 선으로 이어 봅시다.

이 책 읽어   •   •   가져다 드렸다.

아버지께서 학교에   •   •   보셨나요?

삼촌께서 안방에서   •   •   주무십니다.

선생님께 책을   •   •   오신다.

2 색칠된 빈칸에 **1** 에서 찾은 높임 표현을 넣어 바르게 써 봅시다.

이	책	읽	어				?						

아	버	지	께	서		학	교	에				.	

삼	촌	께	서		안	방	에	서				.	

선	생	님	께		책	을						.	

1 문장에서 높임 표현을 찾고, 바르게 띄어 써 봅시다.

먼 저 내 리 겠 습 니 다
아 버 지 께 서 물 으 셨 습 니 다
곰 인 형 을 사 주 셨 다
그 동 안 잘 지 내 셨 어 요 ?
생 신 을 축 하 드 립 니 다
저 는 나 이 가 어 리 지 만
새 끼 새 들 을 가 져 가 십 시 오
할 머 니 께 서 가 르 쳐 주 셨 어 요
어 머 니 께 말 씀 드 렸 습 니 다
제 가 별 나 라 에 가 게 된 다 면

받아쓰기

1 그림을 정확하게 나타낸 낱말을 찾아 ○표를 해 봅시다.

해도지   해돋이

식혜   식케

이팍   입학

축하   추카

닫히다   다치다

무치다   묻히다

붙이다   부치다

급하다   그파다

2 문장을 읽고 알맞은 낱말에 ○표를 해 봅시다.

책상 서랍 속을 [삿사치 | 샅샅이] 찾았다.

우리는 자리를 [조펴서 | 좁혀서] 앉았습니다.

동굴은 바위로 [마켜 | 막혀] 있었다.

풀잎에 [맺힌 | 매친] 이슬이 아름다웠습니다.

나무꾼은 [정직하게 | 정지카게] 말했습니다.

우리에 [가친 | 갇힌] 호랑이는 살려 달라고 소리쳤습니다.

길에 [낙엽 | 나겹] 이 많이 쌓여 있습니다.

이어지는 자음과 모음이 연결되어 소리 나는 현상입니다. '옷이'라고 쓰지만 소리 내어 읽을 때는 받침 자음 'ㅅ'이 이어지는 모음 '이'와 연결되어 [오시]라고 소리 나게 됩니다.

받아쓰기

1 보기 에서 알맞은 낱말을 골라 문장을 써 봅시다.

보기 　입학　　해돋이　　붙이다　　급하다　　묻히다　　식혜　　정직하게　　갇힌
　　　닫히다　　맺힌　　샅샅이　　낙엽

초등학교에 □□ 해서 참 좋습니다.

편지에 우표를 □□□ .

늦잠을 자서 마음이 아주 □□□ .

□□□ 이 바람에 날립니다.

□□ 는 우리나라 전통 음료입니다.

눈에 □□ 눈물이 슬퍼 보였다.

나는 선생님께 □□□□ 말했습니다.

높은 탑에 □□ 공주를 구해 냈다.

바람 때문에 창문이 저절로 □□□ .

□□□ 를 보러 동해로 갔습니다.

사냥꾼은 숲을 □□□ 뒤졌습니다.

새로 산 옷에 물감을 □□□ .

계획한 날   /   공부한 날   /

1 받아쓰기 연습을 해 봅시다.

1. 나는 ∨ 공놀이를 ∨ 좋아해.

2. 이슬이 ∨ 세수하래요.

3. 괜히 ∨ 힘이 ∨ 나요.

4. 무엇을 ∨ 하나요?

5. 힘을 ∨ 합칠까?

6. 뿔을 ∨ 들이밀었어요.

7. 야호! ∨ 돌아간다!

8. 닦아 ∨ 주어요.

9. 앞으로 ∨ 다가갔다.

10. 여름 ∨ 숲을 ∨ 깨우는

시간 표현

쌍받침 낱말

 문장에서 시간을 나타내는 표현 방법을 알아봅니다.
쌍받침 낱말을 학습하고, 띄어쓰기를 하며 바르게 써 봅니다.

 자기 주도 학습 계획표

학습일	쪽	학습 내용	공부한 날	확인
1일차	78~79	시간 표현 방법을 알고 바르게 따라 쓰기	/	
2일차	80~81	때를 나타내는 말을 찾고, 바르게 띄어쓰기	/	
3일차	82~83	쌍받침 낱말을 알고, 알맞은 낱말 찾아 쓰기	/	
4일차	84	쌍받침 낱말이 있는 받아쓰기	/	
5일차	112	받아쓰기 급수표 9급 학습	/	

기본 다지기

1. ①과 ②중에서 빈칸에 들어갈 알맞은 말은 어느 것인가요?

① 접을 거야   ② 접었어

2. 문장을 쓸 때는 이미 있었던 일, 지금 일어나고 있는 일, 앞으로 일어날 일, 이렇게 세 가지의 시간을 문장에 나타낼 수 있습니다. 오른쪽 표의 문장을 읽고 이미 있었던 일에는 ○표, 지금 일어나고 있는 일에는 △표, 앞으로 일어날 일에는 □표를 해 봅시다.

배가 고파서 지금 간식을 먹는다.
아까 학교에서 급식을 먹었다.
저녁에는 맛있는 불고기를 먹을 것이다.

3. 문장에서 시간을 나타내려면 서술어 부분을 바꾸는 방법과 시간을 나타내는 낱말을 사용하는 방법이 있습니다.

방법＼때	이미 있었던 일	지금 일어나고 있는 일	앞으로 일어날 일
서술어 부분을 바꾸는 방법	서술어 부분에 '~았~', '~었~', '~던'을 사용합니다.	서술어 부분에 '~는다'를 사용합니다.	서술어 부분에 '~을', '~겠~'을 사용합니다.
	어제 사과를 먹었다.	사과를 먹는다.	내일 사과를 먹을 것이다.
시간을 나타내는 낱말을 사용하는 방법	어제, 그저께, 작년, 지난 주 등	요즈음, 지금 등	앞으로, 다음에, 내일, 모레, 내년 등

문장 쓰기

1 문장을 보고 언제 일어난 일인지 알맞은 것을 찾아 선으로 이어 봅시다.

친구네서 간식을 먹었어요. ●

나는 커서 의사가 될 것이다. ●

나는 지금 학교에 간다. ●

이제 집에 가서 자야겠다. ●

　　　　　　　　● 이미 있었던 일

　　　　　　　　● 지금 일어나고 있는 일

　　　　　　　　● 앞으로 일어날 일

2 문장에서 일이 일어난 때를 생각하며 바르게 따라 써 봅시다.

| 친 | 구 | 네 | 서 | | 간 | 식 | 을 | | 먹 | 었 | 어 | 요 | . |

| 나 | 는 | | 커 | 서 | | 의 | 사 | 가 | | 될 | | 것 | 이 | 다 | . |

| 나 | 는 | | 지 | 금 | | 학 | 교 | 에 | | 간 | 다 | . |

| 이 | 제 | | 집 | 에 | | 가 | 서 | | 자 | 야 | 겠 | 다 | . |

문장 쓰기

1 문장의 빈칸에 알맞은 시간을 나타내는 말을 찾아 선으로 이어 봅시다.

친구네 집에서 잤다. •   • 어제는

친구네 집에 갈 것이다. •   • 요즈음

행복한 일이 많다. •   • 내일

아홉 살이 될 것이다. •   • 내년에

2 색칠된 빈칸에 **1** 에서 찾은 시간을 나타내는 말을 넣어 바르게 써 봅시다.

| 친 | 구 | 네 | | 집 | 에 | 서 | | 잤 | 다 | . |

| 친 | 구 | 네 | | 집 | 에 | | 갈 | | 것 | 이 | 다 | . |

| 행 | 복 | 한 | | 일 | 이 | | 많 | 다 | . |

| 아 | 홉 | | 살 | 이 | | 될 | | 것 | 이 | 다 | . |

문장이 나타내는 시간을 생각하며 바르게 띄어 써 봅시다.

| 이 | 가 | 너 | 무 | 아 | 팠 | 습 | 니 | 다 | | | | |
| | | ∨ | | | ∨ | | | | | | . | |

| 초 | 롱 | 이 | 가 | 새 | 끼 | 를 | 낳 | 았 | 다 | | |
| | | | ∨ | | | | ∨ | | | . | |

| 통 | 닭 | 과 | 과 | 자 | 를 | 맛 | 있 | 게 | 먹 | 었 | 다 |
| | | | ∨ | | | | ∨ | | | | ∨ | | . |

| 저 | 쪽 | 으 | 로 | 가 | 봐 | 야 | 겠 | 다 | | | |
| | | | ∨ | | ∨ | | | | | . | |

| 내 | 일 | 은 | 또 | 뭐 | 할 | 까 | | | | |
| | | | ∨ | | ∨ | | ∨ | | | ? | |

| 국 | 어 | 시 | 간 | 에 | 그 | 림 | 책 | 을 | 읽 | 었 | 다 |
| | | ∨ | | | | ∨ | | | | ∨ | | . |

| 표 | 지 | 판 | 에 | 는 | 뜻 | 이 | 담 | 겨 | 있 | 습 | 니 | 다 |
| | | | ∨ | | | ∨ | | | ∨ | | | | . |

| 나 | 는 | 미 | 역 | 을 | 가 | 장 | 싫 | 어 | 한 | 다 |
| | | ∨ | | | ∨ | | | ∨ | | | . |

| 잘 | 할 | 수 | 있 | 을 | 것 | 같 | 지 | 요 | | |
| | | ∨ | | ∨ | | | ∨ | | ∨ | | . |

| 밖 | 으 | 로 | 나 | 갈 | 수 | 있 | 습 | 니 | 다 | |
| | | | ∨ | | ∨ | | ∨ | | | . | |

1 그림을 정확하게 나타낸 낱말을 찾아 ○표를 해 봅시다.

떡복이 떡볶이

낚시   낙시

밖   박

닥다   닦다

꺽다   꺾다

묶음   묵음

깍다   깎다

볶다   복다

2 문장을 읽고 알맞은 낱말에 ○표를 해 봅시다.

흥부는 큰 부자가 | 됐다. | 됫다. |

신발 끈을 단단하게 | 묶었다. | 묶었다. |

동물원으로 현장 체험 학습을 | 갔다. | 갓다. |

길에 떨어진 깡통을 발로 | 찼다. | 찾다. |

자신이 | 격은 | 겪은 | 일을 자랑스럽게 말했다.

내일은 아침 일찍 운동을 | 해야겟다. | 해야겠다. |

내 동생은 | 복음밥 | 볶음밥 | 을 정말 좋아한다.

1 보기 에서 알맞은 낱말을 골라 문장을 써 봅시다.

보기   묶었다   찼다   닦다   그렸다   갔다   깎다   묶음   볶음밥   밖
     낚시   해야겠다   꺾다

형이 축구공을 멀리 ☐☐ .

숙제를 더 열심히 ☐☐☐☐ .

아빠의 구두를 정성스럽게 ☐☐ .

가족과 함께 해수욕장에 ☐☐ .

아빠와 함께 바다로 ☐☐ 를 갔습니다.

열 개를 하나의 ☐☐ 으로 만들었다.

칼로 조심스럽게 연필을 ☐☐ .

창문 ☐ 에는 비가 내리고 있었다.

상자에 리본을 예쁘게 ☐☐☐ .

식당에서 ☐☐☐ 을 주문했습니다.

칠판에 선생님 얼굴을 크게 ☐☐☐ .

새로 자라는 나뭇가지를 ☐☐ .

실전 받아쓰기

받아쓰기 연습을 해 봅시다.

1. 병원에 ∨ 갔다 ∨ 오자.

2. 이러다 ∨ 늦겠어.

3. 나무 ∨ 뒤에 ∨ 숨었습니다.

4. 맛있게 ∨ 생겼군.

5. 생각하였습니다.

6. 그만뒀다.

7. 볶음밥을 ∨ 만들어 ∨ 주셨습니다.

8. 이를 ∨ 닦습니다.

9. 다녀오겠습니다.

10. 이만큼이나 ∨ 올라왔는데

부정 표현
겹받침 낱말

 문장에서 쓰는 부정 표현에 대해 알아봅니다.
겹받침 낱말을 학습하고, 띄어쓰기를 하며 바르게 써 봅니다.

자기 주도 학습 계획표

학습일	쪽	학습 내용	공부한 날	확인
1일차	86~87	부정 표현의 뜻을 알고 따라 쓰기	/	
2일차	88~89	부정 표현으로 바꾸는 방법을 알고, 바르게 띄어쓰기	/	
3일차	90~91	겹받침 낱말을 알고, 알맞은 낱말 찾아 쓰기	/	
4일차	92	겹받침 낱말이 있는 받아쓰기	/	
5일차	112	받아쓰기 급수표 10급 학습	/	

1. 문장에서 '못한다', '안한다', '아니다'라는 뜻을 나타낼 때 서술어 부분에 '안~', '못~'을 넣어 부정의 뜻을 나타냅니다. ①과 ②중에서 남자아이 말풍선 속에 들어갈 말은 어느 것일까요?

① 안   ② 않

2. '안~'은 '~지 않다'로 '못~'은 '~지 못하다'로 바꾸어 쓸 수도 있습니다. 를 보고 같은 뜻을 나타내는 다른 문장으로 바꾸어 써 봅시다.

> 보기   신발을 벗다. → 신발을 안 벗다. → 신발을 벗지 않다.
>
>   글씨를 쓴다. → 글씨를 못 쓴다. → 글씨를 쓰지 못한다.

> 밥을 먹다. →   → 밥을 먹지 않다.

3. '안~'과 '못~'은 어떤 것을 사용하는지에 따라 문장의 뜻이 달라지기도 합니다. '안~'은 말하는 이가 할 수 있지만 일부러 하지 않는 경우에 사용하고, '못~'은 말하는 이가 할 수 없어서 못하는 경우에 사용합니다.

> 나는 사과를 안 먹는다. → 나는 사과를 먹을 수 있지만 먹지 않는다.
>
> 나는 사과를 못 먹는다. → 나는 사과를 먹을 수 없어 먹지 못한다.

문장 쓰기

1 주어진 문장과 뜻이 반대가 되도록 바꾼 것을 찾아 선으로 이어 봅시다.

나는 사탕을 좋아한다. •   • 작은 연필로 글씨를 쓴다.

나는 자전거를 타지 못한다. •   • 이 공은 무겁지 않다.

이 공은 무겁다. •   • 나는 사탕을 안 좋아한다.

작은 연필로 글씨를 못 쓴다. •   • 나는 자전거를 탄다.

2 문장의 뜻을 생각하며 바르게 따라 써 봅시다.

나는 사탕을 안 좋아한다.

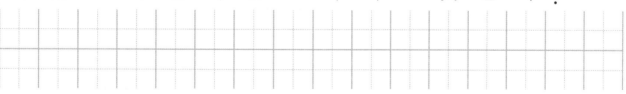

나는 자전거를 타지 못한다.

이 공은 무겁지 않다.

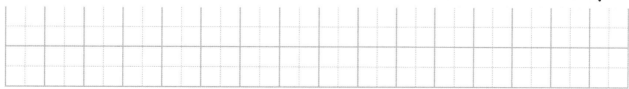

작은 연필로 글씨를 못 쓴다.

1 문장의 뜻이 같은 것끼리 선으로 이어 봅시다.

물고기는 땅에서 살지 못한다.   •

그 신발을 사지 않았다.   •

비가 와서 놀이터에 가지 못했다.   •

매울까 봐 김치를 먹지 않았다.   •

•   매울까 봐 김치를 안 먹었다.

•   비가 와서 놀이터에 못 갔다.

•   그 신발을 안 샀다.

•   물고기는 땅에서 못 산다.

2 색칠된 빈칸에 **1** 에서 찾은 부정 표현을 사용해 바르게 써 봅시다.

물	고	기	는		땅	에	서					.		

그		신	발	을							.		

비	가		와	서		놀	이	터	에					.

매	울	까		봐		김	치	를					.

띄어쓰기

1 문장의 뜻을 생각하며 바르게 띄어 써 봅시다.

사	자	는	병	원	에	안	가	요				
			∨			∨		∨			.	

별	로	아	프	지	않	네					
		∨			∨			?			

사	슴	을	보	지	못	하	였	습	니	다	
		∨			∨						.

바	둑	이	가	보	이	지	않	았	다		
			∨				∨			.	

궁	금	해	서	못	참	겠	어	요			
			∨		∨				.		

친	구	들	에	게	보	이	지	않	게	숨	어	서
				∨				∨			∨	

지	금	은	안	됩	니	다					
			∨				.				

맛	이	이	상	하	지	않	아	놀	라	웠	다
		∨				∨			∨		.

맷	돌	은	쉬	지	않	고	돌	았	습	니	다
		∨			∨			∨			.

아	깝	지	않	아	요						
		∨				.					

1 그림을 정확하게 나타낸 낱말을 찾아 ○표를 해 봅시다.

핥다   할다

닭   닥

만타   많다

읽다   익다

짧다   짭다

여덜   여덟

밥다   밟다

넓다   널다

2 문장을 읽고 알맞은 낱말에 ○표를 해 봅시다.

나는 아빠를 [달마] [닮아] 줄넘기를 잘한다.

거인이 [굵은] [굴근] 밧줄로 꽁꽁 묶여 있었다.

물이 끓으면 김이 나는 [까닥] [까닭] 은 무엇일까요?

무거운 짐을 [옮기는] [옴기는] 일은 아주 힘들다.

[젊은] [절믄] 나그네가 대문을 두드렸습니다.

도서관에서 필통을 [잃어버렸다.] [일어버렸다.]

어려운 사람을 돕는 것은 [올은] [옳은] 일이다.

1 보기 에서 알맞은 낱말을 골라 문장을 써 봅시다.

> 보기 많다   까닭   닮아   짧다   밟다   잃어버렸다   굵은   여덟   넓다
>   읽다   옮기던   핥다

지각을 한 ☐☐ 을 물어보셨다.

강아지가 뼈다귀를 ☐☐ .

자동차가 횡단보도의 선을 ☐☐ .

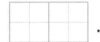

나는 이제 ☐☐ 살이 되었습니다.

놀이터에서 손수건을 ☐☐☐☐☐☐ .

☐☐ 빗줄기가 쏟아지기 시작했다.

엄마를 ☐☐ 그림을 잘 그립니다.

책상을 ☐☐☐ 중에 의자가 쓰러졌다.

우리 학교 운동장은 아주 ☐☐ .

야구 경기장에 사람들이 ☐☐ .

자동차는 기차보다 길이가 ☐☐ .

의자에 조용히 앉아 책을 ☐☐ .

실전 받아쓰기

1️⃣ 받아쓰기 연습을 해 봅시다.

1. 무섭지 ∨ 않아.

2. 옮겨 ∨ 주었다.

3. 여기는 ∨ 나밖에 ∨ 없어.

4. 닭을 ∨ 따라나섰다가

5. 달걀을 ∨ 삶아 ∨ 주셨습니다.

6. 가족이 ∨ 둘러앉았습니다.

7. 흙집 ∨ 지어라.

8. 황소가 ∨ 밟아도 ∨ 따안딴

9. 옳지!

10. 머리를 ∨ 벅벅 ∨ 긁었습니다.

초등 띄어쓰기와 받아쓰기

기본 평가 · 최종 평가

- 1단원부터 10단원까지 배운 내용을 열심히 공부했는지 진단해 봅니다.
- 평가는 기본 평가 4회와 최종 평가 3회로 구성되어 있습니다.
- 기본 평가에서는 앞서 배운 내용을 되짚어 봅니다.
- 최종 평가에서는 새로운 문장을 부모님이 불러 주고 아이가 받아쓰며 받아쓰기 시험을 연습해 봅니다.

기본 평가   잘못 쓴 낱말을 고쳐서 문장을 바르게 써 봅시다.

| 1. | 세 | 로 | 운 | | 친 | 구 | 를 | | 만 | 났 | 습 | 니 | 다 | . | |

| 2. | 달 | 팽 | 이 | 가 | | 천 | 천 | 히 | | 기 | 워 | 갑 | 니 | 다 | . |

| 3. | 다 | 람 | 지 | 는 | | 도 | 토 | 리 | 를 | | 좋 | 아 | 해 | 요 | . |

| 4. | 벽 | 에 | | 걸 | 린 | | 시 | 계 | 가 | | 떨 | 어 | 졌 | 다 | . |

| 5. | 책 | 상 | 에 | | 우 | 유 | 를 | | 업 | 지 | 르 | 다 | . | | |

| 6. | 강 | 아 | 지 | 를 | | 집 | 에 | | 대 | 려 | 왔 | 습 | 니 | 다 | . |

기본 평가 잘못 쓴 낱말을 고쳐서 문장을 바르게 써 봅시다.

1. 까마귀는 온몸이 까마다.

2. 뜨거운 궁물을 천천히 마셨다.

3. 편지에 우표를 부치다.

4. 숙제를 열심히 해야게따.

5. 나는 이제 여덜 살이에요.

6. 고기를 구어 먹었어요.

기본 평가　문장의 뜻을 생각하며 바르게 띄어 써 봅시다.

1.	구	멍	속	에	들	어	갔	는	데				
2.	진	짜	진	짜	재	미	있	게	놀	자	!		
3.	예	솔	이	가	거	실	로	나	왔	다	.		
4.	온	갖	동	물	이	기	웃	거	려	요	.		
5.	세	마	리	는	한	데	모	였	지	요	.		
6.	재	미	있	는	생	각	이	떠	올	랐	어	요	.
7.	돌	멩	이	를	올	려	구	웠	어	요	.		
8.	그	래	서	꾀	를	내	었	어	요	.			
9.	친	구	들	은	깔	깔	대	고	웃	었	어	요	.
10.	지	우	개	하	나	사	주	세	요	.			

기본 평가　문장의 뜻을 생각하며 바르게 띄어 써 봅시다.

| 1. | 커 | 다 | 랗 | 고 | 컴 | 컴 | 한 | 터 | 널 | 을 | | | |

| 2. | 하 | 나 | 를 | 집 | 어 | 꿀 | 꺽 | 삼 | 켰 | 어 | 요 | . | |

| 3. | 추 | 운 | 겨 | 울 | 어 | 떻 | 게 | 지 | 내 | 니 | ? | | |

| 4. | 우 | 리 | 는 | 활 | 짝 | 웃 | 었 | 습 | 니 | 다 | . | | |

| 5. | 할 | 머 | 니 | 께 | 서 | 가 | 르 | 쳐 | 주 | 셨 | 어 | 요 | . |

| 6. | 아 | 버 | 지 | 께 | 서 | 물 | 으 | 셨 | 습 | 니 | 다 | . | |

| 7. | 내 | 일 | 은 | 또 | 뭐 | 할 | 까 | ? | | | | | |

| 8. | 잘 | 할 | 수 | 있 | 을 | 것 | 같 | 지 | 요 | . | | | |

| 9. | 바 | 둑 | 이 | 가 | 보 | 이 | 지 | 않 | 았 | 다 | . | | |

| 10. | 궁 | 금 | 해 | 서 | 못 | 참 | 겠 | 어 | 요 | . | | | |

초등학교

이름

1. 잘못 쓴 부분을 찾아 ○표를 하고 바르게 고쳐 써 봅시다.

① 물건을 아끼면 오레 쓸 수 있어요. →

② 쓰래기는 저쪽에 버려! →

③ 나는 달콤한 가자가 정말 좋아. →

④ 사탕을 동생에게 주웠습니다. →

⑤ 아기가 몸을 디집었어요. →

⑥ 가이로 종이를 잘라 줘! →

⑦ 친구에게 우산을 씨어 주었어요. →

⑧ 우리는 비슷한 옷을 입었어. →

⑨ 햇빗이 뜨거워 모자를 썼어요. →

⑩ 안개 때문에 밖이 뿌여케 보여요. →

2. 다음 문장에 띄어쓰기 표시(V)를 해 봅시다.

• 나는김슬기입니다.

• 나는별나라에누가사는지궁금합니다.

• 우주선을타고별나라에가보고싶습니다.

초등학교

이름

1. 잘못 쓴 부분을 찾아 ○표를 하고 바르게 고쳐 써 봅시다.

① 강아지를 집으로 대려왔습니다.   → _____

② 고기를 구어 먹었습니다.   → _____

③ 이 옷은 앞디가 똑같습니다.   → _____

④ 인형은 나에 것입니다.   → _____

⑤ 여름에는 낟이 뜨거워요.   → _____

⑥ 언니는 아무러치 않게 웃었습니다.   → _____

⑦ 전화기는 참 펼리하다.   → _____

⑧ 이파리에 매친 이슬이 예뻐요.   → _____

⑨ 공을 발로 뻥 찾다.   → _____

⑩ 장난감을 옴기는 게 어렵다.   → _____

2. 다음 문장에 띄어쓰기 표시(∨)를 해 봅시다.

- 나는공놀이를좋아해.
- 으악!큰곰이다!
- 엉엉!큰곰이내공을가져갔어!
- 나는너무너무화났어!

- 앗!큰곰이아기곰을데리고온다!
- 왜그러지?
- 아하!다같이공놀이!

초등학교

이름 _____

1. 불러 주는 말을 잘 듣고, 맞춤법과 띄어쓰기에 유의하며 받아써 봅시다.

1.

2.

3.

4.

5.

6.

7.

8.

9.

10.

11.

12.

13.

14.

15.

미리 보고 개념 잡는 초등

띄어쓰기와 받아쓰기

정답

- 초등 받아쓰기와 띄어쓰기의 정답이 실려 있습니다.
- 받아쓰기와 띄어쓰기는 정답의 정확도가 중요합니다.
- 실수한 문제는 반복해서 정확하게 익히도록 합니다.

14쪽 1. ② 2. ②

15쪽 1.

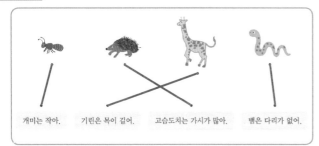

개미는 작아. 기린은 목이 길어. 고슴도치는 가시가 많아. 뱀은 다리가 없어.

16쪽 1. 영차, 영차   우아! 멋지다
어디 있을까? 타조는 못 난다.
2. 1번 정답 참고

17쪽 1.

친	구	,		내	V	친	구									
선	생	님	,		우	리	V	선	생	님						
학	교	,		즐	거	운	V	학	교							
나	,		친	구	,		선	생	님							
모	두	V	모	여	V	우	리	는	V	하	나					
구	멍	V	속	에	V	들	어	갔	는	데	?					
마	당	에	서	V	물	장	난	하	자	!						
진	짜	진	짜	V	재	미	있	게	V	놀	자	!				
나	비	가	V	숨	었	어	.		어	디	V	있	을	까	?	
우	리	는	V	버	스	V	타	고	V	갈	V	거	야	.		

18쪽 1. ○표시 단어– 개, 떼, 해, 새, 네모, 메주,
가게, 대문
2. ○표시 단어– 오래, 새로운, 쓰레기, 제자리,
내려갔습니다, 헤어졌습니다,
데려왔습니다

19쪽 1. (순서대로) 게, 해, 가게, 메주, 쓰레기, 제자리,
데려왔습니다, 네모, 헤어졌습니다, 오래, 내려
갔습니다, 새로운

22쪽 1. ②
2. ○표시 단어– 나비가, 사람이, 민지가, 나무가
3. ① 가 ② 이   4. ① 가 ② 이

23쪽 1. ○표시 단어– 손이, 돌멩이가, 방이, 접시가
2. 색칠하는 단어– 손이, 돌멩이가, 방이, 접시가

24쪽 1.

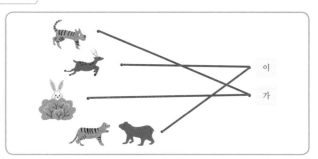

이
가

2. 1번 정답 참고

25쪽 1.

호	랑	이	가	V	술	래	입	니	다	.						
갑	자	기	V	호	랑	이	가	V	나	타	났	어	요	.		
우	리	V	통	이	V	대	단	한	데							
바	람	이	V	어	디	든	V	데	려	다	줄	V	거	야	.	
예	솔	이	가	V	거	실	로	V	나	왔	다	.				
달	팽	이	가	V	기	어	가	고	V	있	었	다	.			
머	리	가	V	너	무	V	가	려	웠	어	요	.				
사	냥	꾼	이	V	나	바	났	습	니	다	.					
온	갖	V	동	물	이	V	기	웃	거	려	요	.				
책	들	이	V	다	시	V	꼼	지	락	거	려	요	.			

26쪽 **1.** ○표시 단어- 지워, 누워, 주워, 기어, 봐서,
전화, 교과서, 도와주다
2. ○표시 단어- 소화기, 고마웠습니다, 구워, 과자,
채웠습니다, 주웠습니다,
주었습니다.

27쪽 **1.** (순서대로) 지웠습니다, 누워서, 주워,
기어갑니다, 구워, 채웠습니다, 주었습니다,
전화기, 소화기, 고마웠습니다, 과자, 도화지

30쪽 **1.** ②
2. ○표시 단어- 코끼리이다, 뛰어간다, 길다
3. △표시 단어- 예쁘다, 멋지다, 똑똑하다
□표시 단어- 걷다, 달리다, 먹다, 노래하다
○표시 단어- 동물원이다, 바람입니다,
구름이다, 어린이입니다

31쪽 **1.** ○표시 단어- 많다, 크다, 학교입니다, 읽습니다
2. 색칠하는 단어- 많다, 크다, 학교입니다,
읽습니다

32쪽 **1.**

2. 돼지는 늑대가 무섭습니다.
나는 이제 초등학생입니다.
파도에 모래성이 무너졌습니다.
풍선이 하늘로 날아갑니다.

33쪽 **1.**

나	는	V	김	슬	기	입	니	다	.					
자	전	거	가	V	나	갑	니	다	.					
그	래	야	V	병	이	V	빨	리	V	낫	지	.		
곰	이	V	나	무	V	뒤	에	V	숨	었	습	니	다	.
호	랑	이	님	,	제	발	V	살	려	V	주	세	요	.
잠	시	만	V	기	다	리	세	요	.					
이	름	은	V	초	롱	이	야	.						
세	V	마	리	는	V	한	데	V	모	였	지	요	.	
엄	마	,	바	람	개	비	V	만	들	었	어	요	.	
재	미	있	는	V	생	각	이	V	떠	올	랐	어	요	.

34쪽 **1.** ○표시 단어- 바위, 당나귀, 귀고리, 주사위,
거위, 기저귀, 귓속말, 다람쥐
2. ○표시 단어- 가위, 지저귀고, 바뀌었습니다,
뛰었습니다, 뒤집으면,
귀여웠습니다, 앞뒤

35쪽 **1.** (순서대로) 바위, 귀고리, 주사위, 기저귀,
바뀌었습니다, 지저귀는, 쉬었습니다, 가위,
거위, 앞뒤, 귓속말, 다람쥐

38쪽 **1.** ①
2. ○표시 단어- 연필을, 노래를, 엄마를, 사슴을
3. ① 를 ② 을   **4.** ① 를 ② 을

39쪽 **1.** ○표시 단어- 음식을, 손을, 음식을, 식사를
2. 색칠하는 단어- 음식을, 손을, 음식을, 식사를

40쪽 > **1.**

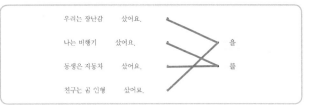

2. 1번 정답 참고

2.

41쪽 > **1.**

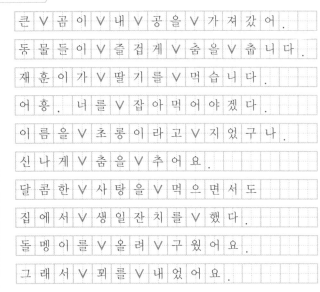

큰	V	곰	이	V	내	V	공	을	V	가	져	갔	어	.
동	물	들	이	V	즐	겁	게	V	춤	을	V	춥	니	다	.
재	훈	이	가	V	딸	기	를	V	먹	습	니	다	.
어	흥	,	너	를	V	잡	아	먹	어	야	겠	다	.
이	름	을	V	초	롱	이	라	고	V	지	었	구	나	.
신	나	게	V	춤	을	V	추	어	요	.
달	콤	한	V	사	탕	을	V	먹	으	면	서	도
집	에	서	V	생	일	잔	치	를	V	했	다	.
돌	멩	이	를	V	올	려	V	구	웠	어	요	.
그	래	서	V	꾀	를	V	내	었	어	요	.

47쪽 > **1.**

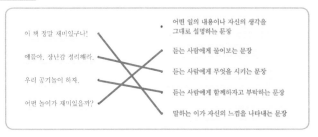

48쪽 > **1.**

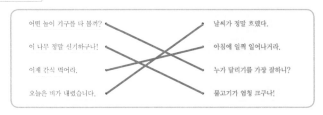

2. 1번 정답 참고

42쪽 > **1.** ○표시 단어– 시계, 차례, 횡단보도, 외양간, 두뇌, 띄어쓰기, 무늬, 의사
2. ○표시 단어– 주의, 흰, 씌워, 형의, 되었습니다, 애기, 예의

43쪽 > **1.** (순서대로) 주의, 흰, 무늬, 외양간, 예의, 건네, 되었습니다, 띄어쓰기, 횡단보도, 차례, 시계, 의사

46쪽 > **1.** ②

49쪽 > **1.**

으	악	!	V	큰	V	곰	이	다	!
어	서	V	나	와	라	.
민	지	야	,	왜	V	그	러	니	?
친	구	들	은	V	깔	깔	대	고	V	웃	었	어	요	.
주	영	아	,	발	V	내	밀	어	V	봐	.
큰	V	소	리	로	V	인	사	하	였	어	요	.
고	마	워	!	V	정	말	V	고	마	워	!
지	우	개	V	하	나	V	사	V	주	세	요	.
지	우	개	로	V	놀	이	를	V	하	니	?
모	두	V	똑	같	구	나	!

50쪽
1. ○표시 단어- 부엌, 꽃, 솥, 무릎, 밧줄, 낫, 엎지르다, 젓가락
2. ○표시 단어- 비슷하다, 햇빛, 맡았다, 빚는다, 낮, 뱉었습니다, 덮습니다

51쪽
1. (순서대로) 엎지르다, 덮습니다, 낮, 빚는다, 맡았다, 햇빛, 비슷하다, 부엌, 무릎, 뱉었습니다, 젓가락, 솥

54쪽
1. ②
3. ○표시 단어- 깡충깡충
△표시 단어- 음매음매
4. 하나의 낱말로 된 흉내 내는 말- 깜짝, 벌떡
같은 글자나 비슷한 글자가 되풀이되는 흉내 내는 말- 멍멍, 꿀꿀

55쪽
1.
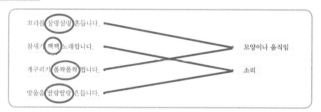
2. 초록색으로 색칠- 살랑살랑, 폴짝폴짝
노란색으로 색칠- 짹짹, 딸랑딸랑

56쪽
1.
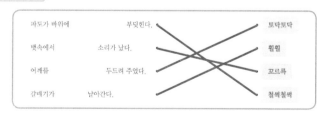
2. 1번 정답 참고

57쪽
1.
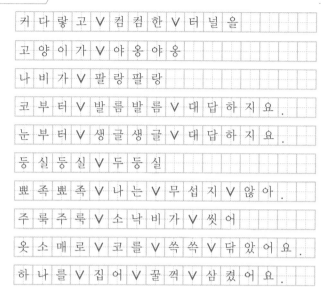

커	다	랗	고	∨	컴	컴	한	∨	터	널	을				
고	양	이	가	∨	야	옹	야	옹							
나	비	가	∨	팔	랑	팔	랑								
코	부	터	∨	발	름	발	름	∨	대	답	하	지	요	.	
눈	부	터	∨	생	글	생	글	∨	대	답	하	지	요	.	
둥	실	둥	실	∨	두	둥	실								
뽀	족	뽀	족	∨	나	는	∨	무	섭	지	∨	않	아		
주	룩	주	룩	∨	소	낙	비	가	∨	씻	어				
옷	소	매	로	∨	코	를	∨	쓱	쓱	∨	닦	았	어	요	.
하	나	를	∨	집	어	∨	꿀	꺽	∨	삼	켰	어	요	.	

58쪽
1. ○표시 단어- 빨갛다, 쌓다, 닿다, 낳다, 찧다, 넣다, 동그랗다, 누렇다
2. ○표시 단어- 하얗게, 어떻게, 까맣다, 뿌옇게, 아무렇지, 사이좋은, 시퍼렇다

59쪽
1. (순서대로) 빨갛다, 뿌옇게, 사이좋은, 까맣다, 하얗게, 넣다, 동그랗다, 아무렇지, 닿다, 낳다, 어떻게, 누렇다

62쪽
1. 남자아이

63쪽
1.
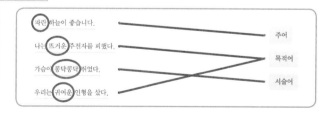
2. 색칠하는 단어- 파란, 뜨거운, 콩닥콩닥, 귀여운

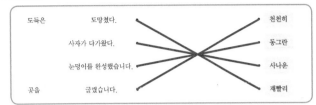

2. 1번 정답 참고

예	쁜	V	글	자	가	V	하	나	V	가	득				

| 강 | 아 | 지 | 와 | V | 친 | 한 | V | 친 | 구 | 가 | V | 되 | 었 | 어 | . |

| 큰 | V | 소 | 리 | 로 | V | 외 | 쳐 | 요 | . | | | | | | |

| 예 | 쁜 | V | 나 | 비 | 가 | V | 잘 | V | 어 | 울 | 립 | 니 | 다 | . | |

| 달 | 콤 | 한 | V | 사 | 탕 | 이 | V | 있 | 을 | 까 | ? | | | | |

| 추 | 운 | V | 겨 | 울 | V | 어 | 떻 | 게 | V | 지 | 내 | 나 | ? | | |

| 선 | 생 | 님 | 은 | V | 깜 | 짝 | V | 놀 | 랐 | 어 | 요 | . | | | |

| 소 | 중 | 한 | V | 보 | 물 | 이 | V | 하 | 나 | V | 있 | 습 | 니 | 다 | . |

| 우 | 리 | 는 | V | 활 | 짝 | V | 웃 | 었 | 습 | 니 | 다 | . | | | |

| 예 | 쁜 | V | 꽃 | 이 | V | 활 | 짝 | V | 피 | 었 | 습 | 니 | 다 | . | |

1. ○표시 단어– 국물, 식물, 목마, 숙녀, 막내,
　　낱말, 빗물, 공룡

2. ○표시 단어– 빛나는, 짖는, 난로, 편리하다,
　　승리, 음료수, 장래 희망

1. (순서대로) 식물, 국물, 막내, 빛나는, 빗물,
난로, 목마, 장래 희망, 음료수, 편리하다,
승리, 짖는

1. ②

4. 아빠<u>께서</u> 빵을 <u>드셨다.</u>

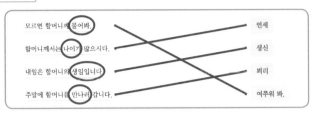

2. 색칠하는 단어– 께, 여쭤봐, 께서, 연세,
　　　많으시다, 생신, 뵈러

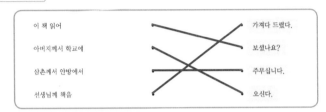

2. 1번 정답 참고

먼	저	V	내	리	겠	습	니	다	.						

| 아 | 버 | 지 | 께 | 서 | V | 물 | 으 | 셨 | 습 | 니 | 다 | . | | | |

| 곰 | V | 인 | 형 | 을 | V | 사 | V | 주 | 셨 | 다 | . | | | | |

| 그 | 동 | 안 | V | 잘 | V | 지 | 내 | 셨 | 어 | 요 | ? | | | | |

| 생 | 신 | 을 | V | 축 | 하 | 드 | 립 | 니 | 다 | . | | | | | |

| 저 | 는 | V | 나 | 이 | 가 | V | 어 | 리 | 지 | 만 | | | | | |

| 새 | 끼 | V | 새 | 들 | 을 | V | 가 | 져 | 가 | 십 | V | 오 | . | | |

| 할 | 머 | 니 | 께 | 서 | V | 가 | 르 | 쳐 | V | 주 | 셨 | 어 | 요 | . | |

| 어 | 머 | 니 | 께 | V | 말 | 씀 | 드 | 렸 | 습 | 니 | 다 | . | | | |

| 제 | 가 | V | 별 | 나 | 라 | 에 | V | 가 | 게 | V | 된 | 다 | 면 | | |

1. ○표시 단어– 해돋이, 식혜, 입학, 축하, 닫히다,
　　묻히다, 붙이다, 급하다

2. ○표시 단어– 샅샅이, 좁혀서, 막혀, 맺힌,
　　정직하게, 갇힌, 나엽

75쪽 **1.** (순서대로) 입학, 붙이다, 급하다, 낙엽, 식혜, 맺힌, 정직하게, 갇힌, 닫히다, 해돋이, 샅샅이, 묻히다

78쪽 **1.** ①

2. △표시– 배가 고파 지금 간식을 먹는다.
○표시– 아까 학교에서 급식을 먹었다.
□표시– 저녁에는 맛있는 불고기를 먹을 것이다.

79쪽 **1.**

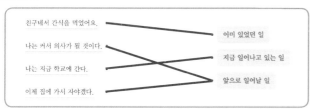

80쪽 **1.**

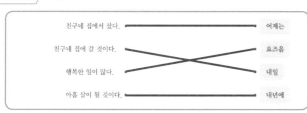

2. 1번 정답 참고

81쪽 **1.**

이	가	V	너	무	V	아	팠	습	니	다	.		
초	롱	이	가	V	새	끼	를	V	낳	았	다	.	
통	닭	과	V	과	자	를	V	맛	있	게	V	먹	었	다	.
저	쪽	으	로	V	가	V	봐	야	겠	다	.		
내	일	은	V	또	V	뭐	V	할	까	?			
국	어	V	시	간	에	V	그	림	책	을	V	읽	었	다	.
표	지	판	에	는	V	뜻	이	V	담	겨	V	있	습	니	다	.
나	는	V	미	역	을	V	가	장	V	싫	어	한	다	.

잘	할	V	수	V	있	을	V	것	V	같	지	요	.	
밖	으	로	V	나	갈	V	수	V	있	습	니	다	.	

82쪽 **1.** ○표시 단어– 떡볶이, 낚시, 밖, 닦다, 꺾다, 묶음, 깎다, 볶다

2. ○표시 단어– 됐다, 묶었다, 갔다, 찼다, 겪은, 해야겠다, 볶음밥

83쪽 **1.** (순서대로) 찼다, 해야겠다, 닦다, 갔다, 낚시, 묶음, 깎다, 밖, 묶었다, 볶음밥, 그렸다, 꺾다

86쪽 **1.** ①

2. 밥을 안 먹다.

87쪽 **1.**

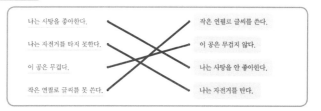

88쪽 **1.**

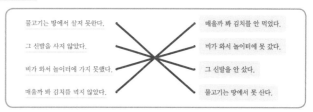

2. 물고기는 땅에서 못 산다.
그 신발을 안 샀다.
비가 와서 놀이터에 못 갔다.
매울까 봐 김치를 안 먹었다.

1.

사	자	는	V	병	원	에	V	안	V	가	요	.
별	로	V	아	프	지	V	않	네	?
사	슴	을	V	보	지	V	못	하	였	습	니	다	.
바	둑	이	가	V	보	이	지	V	않	았	다	.
궁	금	해	서	V	못	V	참	겠	어	요	.
친	구	들	에	게	V	보	이	지	V	않	게	V	숨	어	서
지	금	은	V	안	V	됩	니	다	.
맛	이	V	이	상	하	지	V	않	아	V	놀	라	웠	다	.
맷	돌	은	V	쉬	지	V	않	고	V	돌	았	습	니	다	.
아	깝	지	V	않	아	요	.

90쪽 **1.** ○표시 단어~ 핥다, 닭, 많다, 읽다, 짧다, 여덟, 밟다, 넓다

2. ○표시 단어~ 닮아, 굵은, 까닭, 옮기는, 젊은, 잃어버렸다, 옳은

91쪽 **1.** (순서대로) 까닭, 핥다, 밟다, 여덟, 잃어버렸다, 굵은, 닮아, 옮기던, 넓다, 많다, 짧다, 읽다

기본 평가_ 낱말 바르게 쓰기 1

1. 세로운 → 새로운

2. 기워갑니다 → 기어갑니다

3. 다람지는 → 다람쥐는

4. 시게가 → 시계가

5. 업지르다 → 엎지르다

6. 대려왔습니다 → 데려왔습니다

기본 평가_ 낱말 바르게 쓰기 2

1. 까마다 → 까맣다

2. 궁물을 → 국물을

3. 부치다 → 붙이다

4. 해야게따 → 해야겠다

5. 여덜 → 여덟

6. 구어 → 구워

기본 평가_ 띄어쓰기 1

1. 구멍 V 속에 V 들어갔는데

2. 진짜진짜 V 재미있게 V 놀자!

3. 예솔이가 V 거실로 V 나왔다.

4. 온갖 V 동물이 V 기웃거려요.

5. 세 V 마리는 V 한데 V 모였지요.

6. 재미있는 V 생각이 V 떠올랐어요.

7. 돌멩이를 V 올려 V 구웠어요.

8. 그래서 V 꾀를 V 내었어요.

9. 친구들은 V 깔깔대고 V 웃었어요.

10. 지우개 V 하나 V 사 V 주세요.

기본 평가_ 띄어쓰기 2

1. 커다랗고 V 컴컴한 V 터널을

2. 하나를 V 집어 V 꿀꺽 V 삼켰어요.

3. 추운 V 겨울 V 어떻게 V 지내니?

4. 우리는 V 활짝 V 웃었습니다.

5. 할머니께서 V 가르쳐 V 주셨어요.

6. 아버지께서 V 물으셨습니다.

7. 내일은 V 또 V 뭐 V 할까?

8. 잘할 V 수 V 있을 V 것 V 같지요.

9. 바둑이가 V 보이지 V 않았다.

10. 궁금해서 V 못 V 참겠어요.

최종 평가 1회

1. ① 물건을 아끼면 (오래) 쓸 수 있어요.
② (쓰레기는) 저쪽에 버려!
③ 나는 달콤한 (과자가) 정말 좋아.
④ 사탕을 동생에게 (주었습니다).
⑤ 아기가 몸을 (뒤집었어요).
⑥ (가위로) 종이를 잘라 줘!
⑦ 친구에게 우산을 (씌워) 주었어요.
⑧ 우리는 (비슷한) 옷을 입었어.
⑨ (햇빛이) 뜨거워 모자를 썼어요.
⑩ 안개 때문에 밖이 (뿌옇게) 보여요.

2. 나는 ∨ 김슬기입니다.
나는 ∨ 별나라에 ∨ 누가 ∨ 사는지 ∨ 궁금합니다.
우주선을 ∨ 타고 ∨ 별나라에 ∨ 가 ∨ 보고 ∨ 싶습니다.

최종 평가 2회

1. ① 강아지를 집으로 (데려왔습니다).
② 고기를 (구워) 먹었습니다.
③ 이 옷은 (앞뒤가) 똑같습니다.
④ 인형은 (나의) 것입니다.
⑤ 여름에는 (낮이) 뜨거워요
⑥ 언니는 (아무렇지) 않게 웃었습니다.
⑦ 전화기는 참 (편리하다).
⑧ 이파리에 (맺힌) 이슬이 예뻐요.
⑨ 공을 발로 뻥 (찼다).
⑩ 장난감을 (옮기는) 게 어렵다.

2. 나는 ∨ 공놀이를 ∨ 좋아해.
으악! ∨ 큰 ∨ 곰이다!
엉엉! ∨ 큰 ∨ 곰이 ∨ 내 ∨ 공을 ∨ 가져갔어!
나는 ∨ 너무너무 ∨ 화났어!
앗! ∨ 큰 ∨ 곰이 ∨ 아기 ∨ 곰을 ∨ 데리고 ∨ 온다!
왜 ∨ 그러지?
아하! ∨ 다 ∨ 같이 ∨ 공놀이!

최종 평가 3회

받아쓰기 문제_ 부모님이 불러 주세요.

1. 나팔꽃이 일어나래요.
2. 나는 힘이 세.
3. 이상하지 않아 놀라웠다.
4. 재빨리 귓속말을 하였어요.
5. 다람쥐 한눈팔 때
6. 오고 싶으면 와도 돼!
7. 지금은 안 됩니다.
8. 꼭 갖고 싶어요.
9. 허리춤에 넣어 갈까?
10. 기분을 좋게 하는 말
11. 쟁반같이 둥근 달
12. 못해도 괜찮아.
13. 여름 숲을 깨우는
14. 나무 뒤에 숨었습니다.
15. 여기는 나밖에 없어.

저자 이재승

한국교원대학교와 동대학원 국어교육학과를 졸업(교육학 박사)하고 한국교육과정평가원 연구원 및
대구교육대학교 국어교육과 교수, 대학수학능력시험·외무 고시·교원임용고사 등의 출제 위원을 역임했습니다.
현재 서울교육대학교 국어교육학과 교수로 재직 중이며, 초등학교 국어 교과서 기획 및 집필을 책임지고 있습니다.
지은 책으로『좋은 국어 수업 어떻게 할 것인가』, 『글쓰기 교육의 원리와 방법』,
『아이들과 함께하는 독서와 글쓰기 교육』 등이 있습니다.

저자 이정호

서울교육대학교와 동대학원에서 초등 국어를 전공하고, 현재 서울시 관내 초등학교에서 아이들을 가르치고 있습니다.
2009 개정 교육과정 2학년, 5학년 교과서를 집필하였으며, 초등 국어 교육에 대한 공부를 꾸준히 히고 있습니다.

미리 보고 개념 잡는 초등 띄어쓰기와 받아쓰기

펴낸날 2014년 11월 20일 초판 1쇄, 2022년 1월 10일 초판 17쇄
저자 이재승, 이정호 | 그린이 문구선
펴낸이 신광수 | CS본부장 강윤구
출판개발실장 위귀영 | **출판영업실장** 백주현 | **디자인실장** 손현지 | **개발기획실장** 김효정
아동콘텐츠개발팀 박재영, 백한별, 서정희, 박인의, 김지예, 류효정
출판디자인팀 최진아 | **디자인** 솔트앤페퍼 커뮤니케이션 | **저작권** 김마이, 이아람
채널영업팀 이용복, 이강원, 김선영, 우광일, 강신구, 이유리, 정재욱, 박세화, 김종민, 이태영, 전지현
출판영업팀 박충열, 민현기, 정재성, 정슬기, 허성배, 정유, 설유상
개발기획팀 이병욱, 황선득, 홍주희, 강주영, 이기준, 정은정
CS지원팀 강승훈, 봉대중, 이주연, 이형배, 이은비, 전효정, 이우성
펴낸곳 (주)미래엔 | 등록 1950년 11월 1일 제 16-67호 | 주소 서울특별시 서초구 신반포로 321
전화 미래엔 고객센터 1800-8890 | 팩스 541-8249 | 홈페이지 www.mirae-n.com

ISBN 978-89-378-8682-9 64710
ISBN 979-11-6841-076-3(세트)

자음자

쓸 때	읽을 때	쓸 때	읽을 때
ㄱ	기역	ㅇ	이응
ㄴ	니은	ㅈ	지읒
ㄷ	디귿	ㅊ	치읓
ㄹ	리을	ㅋ	키읔
ㅁ	미음	ㅌ	티읕
ㅂ	비읍	ㅍ	피읖
ㅅ	시옷	ㅎ	히읗

모음자

쓸 때	읽을 때	쓸 때	읽을 때
ㅏ	아	ㅛ	요
ㅑ	야	ㅜ	우
ㅓ	어	ㅠ	유
ㅕ	여	ㅡ	으
ㅗ	오	ㅣ	이

1급

1	개구리
2	나는 힘이 세.
3	크게 웃을 수 있어.
4	구멍 속에 들어갔는데?
5	하늘에 해가 떠 있습니다.
6	오래된 건물을 보았습니다.
7	그림책은 네모 모양입니다.
8	책을 제자리에 두었습니다.
9	친구들을 집으로 데려왔습니다.
10	선생님과 정문에서 헤어졌습니다.

2급

1	무서워요.
2	귀여웠습니다.
3	방이 깨끗합니다.
4	돌멩이가 단단합니다.
5	호랑이가 술래입니다.
6	이상하지 않아 놀라웠다.
7	온갖 동물이 기웃거려요.
8	생일 선물을 주었습니다.
9	책들이 다시 꼼지락거려요.
10	글자를 지우개로 지웠습니다.

3급

1	둥지째 떼어 갈까?
2	토끼가 뛰어갑니다.
3	흥겹게 지저귀는 새들
4	그래야 병이 빨리 낫지.
5	귀찮아서 싫다고 하였다.
6	세 마리는 한데 모였지요.
7	재빨리 귓속말을 하였어요.
8	재미있는 생각이 떠올랐어요.
9	도토리는 다람쥐의 먹이입니다.
10	호박이 멋진 마차로 바뀌었습니다.

4급

1	아기의 대답
2	지금은 안 됩니다.
3	손님이 손을 흔듭니다.
4	금세 꽃밭이 되었어요.
5	그래서 꾀를 내었어요.
6	돌멩이를 올려 구웠어요.
7	우리는 장난감을 샀어요.
8	예의 바른 어린이가 됩시다.
9	식당에 차례대로 들어갑니다.
10	물방울 무늬가 있는 필통입니다.

5급

1	솥
2	손을 씻습니다.
3	꼭 갖고 싶어요.
4	애들아, 장난감 정리해라.
5	추석에는 송편을 빚는다.
6	어떤 놀이가 재미있을까?
7	넘어져서 무릎을 다쳤어요.
8	식사를 준비하러 부엌에 갔다.
9	햇빛이 뜨거운 여름이 왔다.
10	겨울에는 두꺼운 이불을 덮습니다.

6급

1	높이 닿아
2	어떻게 하지?
3	아, 그렇구나!
4	코를 쓱쓱 닦았어요.
5	허리춤에 넣어 갈까?
6	왜 이렇게 딱딱해요?
7	책을 쌓기 시작하였어요.
8	커다랗고 컴컴한 터널을
9	바위에 철썩철썩 부딪힌다.
10	우리는 사이좋은 형제입니다.

7급

1	비눗방울
2	못해도 괜찮아.
3	물감을 묻혔을 때
4	우리는 활짝 웃었습니다.
5	개가 짖는 소리가 들립니다.
6	예쁜 꽃이 활짝 피었습니다.
7	이 연필은 사용하기 편리하다.
8	빛나는 별들이 하늘에 가득합니다.
9	가게에서 시원한 음료수를 샀다.
10	동생의 장래 희망은 의사입니다.

8급

1	괜히 힘이 나요.
2	야호! 돌아간다!
3	앞으로 다가갔다.
4	편지에 우표를 붙이다.
5	낙엽이 바람에 날립니다.
6	서랍 속을 샅샅이 찾았다.
7	제가 별나라에 가게 된다면
8	주말에 할머니를 뵈러 갑니다.
9	선생님께 책을 가져다 드렸다.
10	높은 탑에 갇힌 공주를 구해 냈다.

9급

1	그만뒀다.
2	이러다 늦겠어.
3	저쪽으로 가 봐야겠다.
4	흥부는 큰 부자가 됐다.
5	초롱이가 새끼를 낳았다.
6	어제는 친구네 집에서 잤다.
7	겪은 일을 자랑스럽게 말했다.
8	가족과 함께 해수욕장을 갔다.
9	볶음밥을 만들어 주셨습니다.
10	창문 밖에는 비가 내리고 있었다.

10급

1	옳지!
2	옮겨 주었다.
3	지금은 안 됩니다.
4	별로 아프지 않네?
5	머리를 벅벅 긁었습니다.
6	달걀을 삶아 주셨습니다.
7	지각을 한 까닭을 물어보셨다.
8	자동차가 횡단보도의 선을 밟다.
9	엄마를 닮아 그림을 잘 그립니다.
10	놀이터에서 손수건을 잃어버렸다.